Almut Bockemühl

Sinnesbilder, Seelenbilder

Almut Bockemühl

Sinnesbilder Seelenbilder

Betrachtungen zum Jahreslauf

Verlag Freies Geistesleben

ISBN 3-7725-1678-5

1. Auflage im Verlag Freies Geistesleben

Einband: Walter Schneider unter Verwendung eines Gemäldes
von Odilon Redon
Druck: Offizin Chr. Scheufele, Stuttgart

Inhalt

Statt eines Vorwortes

Von dem Sommer- und Wintergarten

Ein Kaufmann wollte auf die Messe gehen, da fragte er seine drei Töchter, was er ihnen mitbringen sollte. Die älteste sprach: «ein schönes Kleid»; die zweite: «ein paar hübsche Schuhe»; die dritte: «eine Rose». Aber die Rose zu verschaffen, war etwas Schweres, weil es mitten im Winter war, doch weil die jüngste die schönste war und sie eine große Freude an den Blumen hatte, sagte der Vater, er wolle zusehen, ob er sie bekommen könne, und sich rechte Mühe darum geben.

Als der Kaufmann wieder auf der Rückreise war, hatte er ein prächtiges Kleid für die älteste, und ein paar schöne Schuhe für die zweite, aber die Rose für die dritte hatte er nicht bekommen können, wenn er in einen Garten gegangen war, und nach Rosen gefragt, hatten die Leute ihn ausgelacht: «ob er denn glaube, daß die Rosen im Schnee wüchsen.» Das war ihm aber gar leid, und wie er darüber sann, ob er gar nichts für sein liebstes Kind mitbringen könne, kam er vor ein Schloß, und dabei war ein Garten, in dem war es halb Sommer und halb Winter, und auf der einen Seite blühten die schönsten Blumen groß und klein, und auf der andern war alles kahl und lag ein tiefer Schnee. Der Mann stieg vom Pferd herab, und wie er eine ganze Hecke voll Rosen auf der Sommerseite erblickte, war er froh, ging hinzu und brach eine ab, dann ritt er wieder fort. Er war schon ein Stück Wegs geritten, da hörte er etwas hinter sich herlaufen und schnaufen, er drehte sich um, und sah ein großes schwarzes Thier, das rief: «du giebst mir meine Rose wieder, oder ich mach dich todt, du giebst mir meine Rose wieder, oder ich mache dich todt!» Da sprach der Mann: «ich bitt dich, laß mir die Rose, ich soll sie meiner Tochter mitbringen, die ist die schönste auf der Welt.» – «Meinetwegen, aber gieb mir die schöne Tochter dafür zur Frau!» Der Mann, um das Thier los zu werden, sagt ja und denkt, das wird doch nicht kommen und sie fordern, das Thier aber rief noch hinter ihm drein: «in acht Tagen komm ich und hol meine Braut.»

Der Kaufmann brachte nun einer jeden Tochter mit, was sie gewünscht hatten; sie freuten sich auch alle darüber, am meisten aber die jüngste über die Rose. Nach acht Tagen saßen die drei Schwestern beisammen am Tisch, da kam etwas mit schwerem Gang die Treppe herauf und an die Thüre und rief: «macht auf! macht auf!» Da machten sie auf, aber sie erschracken recht, als ein großes schwarzes Thier hereintrat: «Weil meine Braut nicht gekommen und die Zeit herum ist, will ich mir sie selber holen.» Damit ging es auf die jüngste Tochter zu und packte sie an. Sie fing an zu schreien, das half aber alles nichts, sie mußte mit fort, und als der Vater nach Haus kam, war sein liebstes Kind geraubt. Das schwarze Thier aber trug die schöne Jungfrau in sein Schloß, da wars gar wunderbar und schön, und Musikanten waren darin, die spielten auf, und unten war der Garten halb Sommer und halb Winter, und das Thier that ihr alles zu Liebe, was es ihr nur an den Augen absehen konnte. Sie aßen zusammen, und sie mußte ihm aufschöpfen, sonst wollte es nicht essen, da ward sie dem Thier hold, und endlich hatte sie es recht lieb. Einmal sagte sie zu ihm: «mir ist so Angst, ich weiß nicht recht warum, aber mir ist, als wär mein Vater krank oder eine von meinen Schwestern, könnte ich sie nur ein einzigesmal sehen!» Da führte sie das Thier zu einem Spiegel und sagte: «da schau hinein», und wie sie hineinschaute, war es recht als wäre sie zu Haus; sie sah ihre Stube und ihren Vater, der war wirklich krank, aus Herzeleid, weil er sich Schuld gab, daß sein liebstes Kind von einem wilden Thier geraubt und gar von ihm aufgefressen sey; hätt' er gewußt, wie gut es ihm ging, so hätte er sich nicht betrübt; auch ihre zwei Schwestern sah sie am Bett sitzen, die weinten. Von dem allen war ihr Herz ganz schwer, und sie bat das Thier, es sollte sie nur ein paar Tage wieder heim gehen lassen. Das Thier wollte lange nicht, endlich aber, wie sie so jammerte, hatte es Mitleiden mit ihr und sagte: «Geh hin zu deinem Vater, aber versprich mir, daß du in acht Tagen wieder da seyn willst.» Sie versprach es ihm, und als sie fort ging, rief es noch: «bleib aber ja nicht länger als acht Tage aus.» Wie sie heim kam, freute sich ihr Vater, daß er sie noch einmal sähe, aber die Krankheit und das Leid hatten schon zu sehr an seinem Herzen gefressen, daß er nicht wieder gesund werden konnte, und nach ein paar Tagen starb er. Da konnte sie an nichts anderes denken vor Traurigkeit, und hernach ward ihr Vater begraben, da ging sie mit zur Leiche, und dann weinten die Schwestern zusammen und trösteten sich, und als sie endlich wieder an ihr liebes Thier dachte, da waren schon längst die acht Tage herum. Da ward ihr recht Angst, und es war ihr, als sey das auch krank, und sie machte sich gleich auf und ging wieder hin zu seinem Schloß. Wie sie aber wieder ankam, wars ganz still und traurig darin, die Musikanten spielten nicht, und alles war mit schwarzem Flor behangen; der Garten aber war ganz Winter und von Schnee bedeckt. Und wie sie das Thier selber suchte, war es fort, und sie suchte aller Orten, aber sie konnte es nicht finden. Da war sie doppelt traurig und wußte sich nicht zu trösten, und einmal ging sie so traurig im Garten und sah einen Haufen Kohlhäupter, die waren oben schon alt und faul, da legte sie die herum, und wie sie ein paar umgedreht hatte, sah sie ihr liebes Thier, das lag darunter und war todt. Geschwind holte sie Wasser und begoß es damit unaufhörlich, da sprang es auf und war auf einmal verwandelt und ein schöner Prinz. Da ward Hochzeit gehalten, und die Musikanten spielten gleich wieder, die Sommerseite im Garten kam prächtig hervor, und der schwarze Flor ward abgerissen, und sie lebten vergnügt miteinander immerdar.[1]

Wer viel gereist ist, weiß, daß das Leben in der gemäßigten Zone mit einem regelmäßigen rhythmischen Wechsel der Jahreszeiten ein Privileg ist. Es bietet die besten äußeren Bedingungen dafür, nicht in Einseitigkeit zu verfallen, sondern Wahrnehmung, Denken, Fühlen und Wollen in Harmonie zueinander zu entwickeln und auszuüben. Es gibt allerdings Tätigkeiten, die mehr in den Sommer passen, und solche, für welche die Winterszeit geeigneter ist.

Nehmen wir die Kaufleute: die «verreisen» am liebsten im Winter. Schließlich müssen sie einen kühlen Kopf behalten, da sie mit Zahlen umgehen. Das ist ja auch kein Problem, sofern ihre Töchter nur Dinge haben wollen, die durch Geld und Geldeswert zu erlangen sind. Aber da war einmal einer, dessen Tochter begehrte in dieser Jahreszeit etwas Lebendiges: eine Rose. Das ist schon etwas, was einen im Winter reisenden Kaufmann in große Verlegenheit bringen kann. Da aber seine Tochter die schönste von der Welt war und er sie sehr lieb hatte, kam er schließlich zu einem Garten, wo er trotz Frost und Kälte blühende Rosen fand, ein Garten, in dem halb Winter und halb Sommer war. Wo mag das gewesen sein?

In der äußeren Natur ist so etwas unmöglich. Also muß er wohl ins Innere der Natur geraten sein, wo Entstehen und Vergehen zugleich vorhanden sind.

Als er sich nun aber freudig seine Rose geholt hatte, mußte er lernen, was er als Kaufmann eigentlich hätte wissen müssen: daß jedes Ding seinen Preis hat. Er hatte nicht realisiert, daß hinter dem Jahreszeitengarten ein verzaubertes Wesen steckt. Solange dieses nicht gestört wird, bleibt alles ruhig und im Gleichgewicht. Wenn man es aber beraubt, verlangt es eine Gegenleistung. Was begehrt es? Es ist in diesem Märchen ja in rührender Einfachheit dargestellt: Es begehrt Liebe!

Das Märchen schildert nun, wie diese allmählich

entsteht. Im Zusammenleben beginnt die Kaufmannstochter das Wesen zu lieben, obwohl dieses sich zunächst als häßliches und keineswegs ungefährliches Tier zeigt. Sie hat es eben «gezähmt», so wie der kleine Prinz bei Saint-Exupéry den Fuchs. Dadurch aber wird es von ihr abhängig, und wenn die Liebe nicht mehr ausgeübt wird – schließlich gibt es wichtige Abhaltungen –, dann stirbt es. Und die ganze Sommerseite des Gartens stirbt mit. Das Gleichgewicht ist gestört, das sprossende Leben verschwindet. Was bleibt, sind trostlose Öde und ein paar faule Kohlköpfe. –

Hier möchte ich mit meiner Märchenbetrachtung abbrechen. Wir sind in der Gegenwart angekommen. Für viele Menschen waren die ersten Nachrichten vom Wäldersterben ebenso schockierend wie für die Kaufmannstochter der Anblick von Schloß und Garten, aus denen das «Wesen» entschwunden war. Inzwischen hat man sich daran gewöhnt, und die Forstbehörden sorgen dafür, daß kranke und tote Bäume immer rasch entfernt werden, denn die Ursachen in Verkehr und Industrie zu beseitigen, ist man nicht bereit. So schreitet der Prozeß weiter fort. Inzwischen ist der größere Teil der Vegetation schwach und krank geworden. Die Natur liegt im Sterben. Haben wir vielleicht auch nicht bemerkt, daß verzauberte Wesen dahinterstecken, die es zu erlösen gilt?

Sich in der Natur wiederfinden

Sinnesbilder und Seelenbilder

Die Natur braucht die liebevolle Zuwendung des Menschen. – Daß sie unser tätiges Eingreifen benötigt, wenn sie nicht ersterben soll, weiß heute jeder, auch wenn er vielleicht noch die Augen davor verschließt. Daß aber bereits die Art, die Gesinnung, mit der wir sie anschauen und sie auf uns wirken lassen, wichtig sein könnte, machen wir uns meist noch nicht bewußt.

Und umgekehrt braucht die Seele die Belebung durch das wahrnehmende Miterleben der Natur. Das gilt nicht nur für den Frühling. Von einem gewissen Aspekt aus handelt es sich *immer* um eine Belebung, auch in der absteigenden Jahreshälfte, denn durch die Teilnahme an den Naturstimmungen wird die Seele aktiviert, die Empfindungsfähigkeit verfeinert und intensiviert – in unserer Zeit der Gefühlsschwäche ein echtes Heilmittel.

Es ist in der Tat notwendiger denn je, durch tägliches Beobachten des Wachsens, Blühens, Reifens, Welkens die Naturwesen durch den Jahreslauf zu begleiten. Die menschliche Seele und die Natur stehen in einem Verhältnis unmittelbarer Beziehungen und Entsprechungen zueinander. Wer sich darauf einläßt, wird mit der Zeit bemerken, daß im Laufe des Jahres sämtliche dem Menschen möglichen Gefühlsnuancen durchlaufen werden können, daß der Jahreslauf gewissermaßen ein im Zeitlichen ausgebreiteter Gefühlsorganismus ist.

«Sich in der Natur wiedererkennen»: es scheint, daß dieser Weg wieder mehr gesucht werden muß, nachdem die Losgelöstheit und Unabhängigkeit bis zum Äußersten getrieben worden ist. Das kann man ganz konkret nehmen: Jedes Vorgärtchen ist ein Spiegel des Seelenlebens seiner Besitzer. Die Verschmutzung der Umwelt ist Ausdruck der Interesselosigkeit der Menschen. Seit Jahrhunderten haben wir nicht nur unsere materiellen Lebensgrundlagen aus der Natur genommen, sondern dort auch Ruhe, Erholung, Harmonisierung gefunden. Wir haben dabei nicht bedacht, daß es auch für die Natur eine Bedeutung hat, ob wir uns ihr bewußt zuwenden und wie wir das tun.

In früheren Zeiten bestand die Gefahr für den Menschen, sich in der Natur zu verlieren. Eine chinesische Legende berichtet von einem Maler, der, nachdem er mit höchster Meisterschaft eine Landschaft gemalt hatte, in diese hineintrat und in ihr verschwand. Für den östlichen Menschen kann sich das, was diese Erzählung sagen will, auch heute noch ereignen.

Bei uns sorgten zuerst das kirchliche Christentum und später die Technik dafür, daß der Mensch sich von der Natur löste, innerlich unabhängig wurde. Durch diese Unabhängigkeit wurde die Beziehung zunächst abgebaut. Das Interesse des Menschen schrumpfte zum reinen Nützlichkeitsstandpunkt.

Er machte sich die Naturkräfte in einem früher unvorstellbaren Maße dienstbar. Die Natur als Ressourcenhalde.

Dadurch wurde nicht nur die Natur ausgebeutet, der Verlust im menschlichen Seelenleben war mindestens ebenso groß, nur wurde er weniger bemerkt.

Wir haben eine Mauer von Begriffen zwischen uns und der Welt aufgebaut. Wenn wir den Namen einer Pflanze wissen, schauen wir sie schon gar nicht mehr an. Wir «kennen» sie ja. Wenn wir etwas erklären können, erlischt unser Interesse. «Das ist ja nur so, weil ...» «Das kann man gebrauchen für ...» Gegenwärtig herrscht sogar die Tendenz, die Begriffe durch Zeichen zu ersetzen. Durch Zeichen wird unser Gehirn mit Informationen «gespeist», die wir dann «speichern» und gegebenenfalls später «abrufen» können. Das ist Computersprache. Nicht die Erfindung von Computern ist bedenklich, aber die Übertragung der Computerdenkweise auf den Menschen.

«Alles Erworbne bedroht die Maschine, solange sie sich erdreistet, im Geist, statt im Gehorchen, zu sein.»

So heißt es in Rilkes *Sonetten an Orpheus*. Die von der Maschine erlernten Gedankenabläufe sind absolut kalt. Gefühle sind nicht gefragt, weder Freude an einer neuen Idee noch Begeisterung über einen gedanklichen Zusammenhang. Anstelle dessen erlebt man die Fasziniertheit über die Leistung der Maschine.

Das hat nun wieder Folgen. Immer mehr Menschen leiden darunter, daß sie nicht zu echten, starken Gefühlen fähig sind. Zugleich aber haben sie Angst davor. Sie möchten zum Beispiel keine engere Beziehung zu einem Menschen eingehen, weil sie fürchten, den Schmerz des Verlassenwerdens nicht ertragen zu können. «Liebe» im alten Sinne ist eine Mutfrage und erfordert Seelenstärke.

An solchen Dingen ist ersichtlich, daß es Zeit ist für eine bewußte Schulung des Gefühlslebens. Wie können wir gefühlsstark werden, ohne ständig daran zu leiden? Es geht darum, das Gefühlsleben mehr in den Griff zu bekommen und bewußt damit zu arbeiten. Nicht unterdrücken sollen wir unsere Gefühle, sondern uns neue «objektive» Gefühle aufbauen.

Bisher hat man nur mit dem Denken Erkenntnisse erworben. In unserer Zeit ist es aber auch mehr und mehr möglich und notwendig, ein «erkennendes Fühlen» zu entwickeln.[2] Man kann fühlend entweder in sich selbst steckenbleiben und nur das «Mir-Gute» oder «Mir-Schlechte» erleben, oder aber man kann sich fragen: «Was erfahre ich durch dieses Gefühl über das Wesen, über die Situation, die mir das Gefühl verursacht?» Dadurch zieht man das Gefühl von sich ab, ohne es abzuschwächen. Das Fühlen hat einen Januskopf, es schaut zugleich nach innen und nach außen. Es gibt Worte in unserer Sprache, an denen man dies unmittelbar ablesen kann, zum Beispiel das Wort *Stimmung*. Subjektiv angewandt kann ich damit aussagen, ob ich gut oder schlecht gelaunt bin. Aber andererseits spricht man auch von der Stimmung einer Landschaft, von Naturstimmungen. Nicht die Landschaft empfindet dabei die Stimmung, sondern der betrachtende Mensch. Aber durch die äußere Anschaubarkeit bekommt es einen objektiveren, sogar einen mitteilbaren Charakter.

Die Natur läßt sich durch Stimmungen charakterisieren: Eine Tannenwaldstimmung, eine Abendstimmung, das sind Gefühle, und dennoch erfährt man dadurch etwas über den Ort, über die Tages- oder Jahreszeit.

Die Stimmung einer Landschaft ist durch den Jahreslauf regelmäßigen rhythmischen Veränderungen unterworfen. Diesen stehen wir mit einer gewissen Neutralität gegenüber, wir werden nicht sofort emotional hineingerissen. So ist das Miterleben des Jahreslaufs besonders geeignet, ein reiches und differenziertes Gefühlsleben zu entwickeln, das man trotzdem im Griff hat.

Wie könnte eine Selbstschulung auf diesem Gebiet aussehen?

Es geht zunächst um ein tägliches *ruhiges, aufmerksames Beobachten* einer Naturerscheinung. Man sage nicht, daß das nicht möglich sei, da man das Leben eines Städters führe. Sich in der Weite einer freien Landschaft zu befinden, ist schön, aber für diese Übung nicht notwendig. Im Gegenteil, das Verschwimmende eines großen Panoramas ist weniger geeignet als eine Einzelheit, die man recht genau beobachten kann: eine einzelne sprießende Pflanze, ein welkendes Blatt, ein hüpfender Spatz, eine Wolke am Himmel.

Hat man so intensiv wie möglich geschaut, ohne darüber nachzugrübeln, nur mit voller Aufmerksamkeit in der Wahrnehmung lebend, so lasse man den Eindruck kurze Zeit *nachklingen.*

Man braucht nicht viel Zeit für diese Übung. Eine erste Wirkung wird sein, daß das Interesse an den

Dingen wächst. Man findet plötzlich das Geäder eines Blattes, die Spiegelung der Sonne in einer Pfütze hochinteressant. Dann wird es sich immer häufiger ereignen, daß man sich lediglich durch den Anblick irgendeiner Kleinigkeit zutiefst betroffen fühlt. Der Eindruck bleibt nicht mehr an der Oberfläche liegen wie gewohnt, sondern dringt deutlich eine Stufe tiefer.

Es handelt sich hier um die Übung der *reinen Wahrnehmung*.

Eine gewisse Schwierigkeit kann darin bestehen, daß man nicht zu ruhiger und konzentrierter Wahrnehmung fähig ist, daß sich ständig Gedanken und Vorstellungen dazwischenschieben. Es braucht eine erhebliche Seelenkraft, diese zu unterdrücken. Rudolf Steiner sprach in einem Vortrag vom 3. Oktober 1920 über diese Übung und das beschriebene Problem:

«Aber damit man die Seelenkräfte verstärke und die Wahrnehmungen im richtigen Sinne gewissermaßen einsaugt, ohne daß man sie beim Einsaugen mit Vorstellungen verarbeitet, kann man auch noch das machen, daß man nicht im gewöhnlichen Sinne mit Vorstellungen diese Wahrnehmungen beurteilt, sondern daß man sich symbolische und andere Bilder schafft, zu dem mit dem Auge zu Sehenden, mit dem Ohr zu Hörenden, auch Wärmebilder, Tastbilder und so weiter. Dadurch, daß man gewissermaßen das Wahrnehmen in Fluß bringt, dadurch, daß man Bewegung und Leben in das Wahrnehmen hineinbringt, aber in einer solchen Weise, wie es nicht im gewöhnlichen Vorstellen geschieht, sondern im symbolisierenden oder auch künstlerisch verarbeitenden Wahrnehmen, dadurch kommt man viel eher zu der Kraft, sich von der Wahrnehmung als solcher durchdringen zu lassen.»[3]

Die Welt der inneren Bilder steht auf der Schwelle zwischen Wahrnehmung und Begriff. Wir haben einen Reichtum solcher symbolisierenden Bilder überliefert bekommen in den alten Volksmärchen, die aus der Zeit stammen, in der Sinneswahrnehmung und Begriffsdenken sich noch nicht auseinandergegliedert hatten. Damals dachte man in Bildern, und das «draußen» Gesehene hatte Symbolgehalt.

Märchen sind strömende Bilder. Sich in ihre Handlungsabläufe hineinleben heißt Seelengebärden vollziehen. Diese haben urbildhaften Charakter und stehen oft in genauer Beziehung zu den Bewegungsgebärden des fortschreitenden Jahres. In der Beschäftigung mit den Märchen können wir die Bildekräfte unserer Seele stärken und in Fluß bringen.

Eine ähnliche Wirkung hatten schon seit Jahrhunderten die biblischen Bilder, die eine alte Weisheit mit den Jahreszeitenfesten verbunden hat. Sie durchdrangen sich mit älteren, ebenfalls bildhaften Sitten und Gebräuchen und deuteten diese im christlichen Sinne um oder, besser gesagt, sie gaben ihnen einen zusätzlichen Sinn. Es ist keine Vergewaltigung, wenn man an die Stelle des Sieges der Sonne über die Finsternis in der Mittwinterzeit die Geburt des Christuslichtes im Erdendunkel setzt. Christliche Vorstellungen wurden mit dem Naturlauf verbunden, und andererseits wurden Bilder und Gleichnisse in der Natur gesucht, die das religiöse Leben vertiefen konnten.

Man denke nur an den Symbolgehalt des grünen Baumes zu Weihnachten, der farbigen Eier zu Ostern und ähnliches. Für die nördliche Hemisphäre war die jahrhundertelange Einprägung der christlichen Feste in den Jahreslauf ein bedeutender Beitrag zur Verchristlichung der Natur. Wären diese Feste im Laufe der Geschichte nicht so stark mit ihrem Naturhintergrund verschmolzen, so wäre es kein Problem für uns, sie auch auf der Südhalbkugel zu feiern.

Heutzutage allerdings ist bei uns in Europa die Erstarrung im Traditionellen so weit gediehen, daß sie ein mindestens ebenso großes Hindernis bildet wie der Mangel an christlichen Traditionen in den Ländern der südlichen Halbkugel. Die christliche Menschheit der ganzen Erde steht damit gleicherweise vor der Aufgabe, die Jahresfeste völlig neu zu ergreifen und zu gestalten.

Auch hier gilt es, etwas *in Fluß zu bringen*.

Was von dem Eindringen christlichen Bildgutes in die uralten Jahresfeste gesagt wurde, gilt auch für das Volksmärchen. Auch hier finden wir oft christliche Vorstellungen eingeschmolzen in die alte Bildsubstanz. Das ist manchmal gar nicht so leicht zu bemerken, weil es nicht immer um Einzelbilder, sondern um Bewegungsabläufe geht. Es geschah auch weniger durch die Kirche – sie bekämpfte die «alten heidnischen Geschichten» eher – als durch gewisse esoterische «Untergrundströmungen» des Christentums, die von der Kirche verketzert wurden, aber auf diese Art eine Möglichkeit des Wirkens im Volke fanden.

Eine weitere Hilfe zu einem vertieften Erleben des Jahreslaufs ist uns von Rudolf Steiner in seinem *Seelenkalender* gegeben worden.[4] Er enthält für jede Woche des Jahres einen Spruch, der genau auf die sinnlich-seelische Situation dieser Woche abgestimmt ist. Durch die meditative Beschäftigung mit diesen Sprüchen wird man immer aufnahmefähiger für die Wandlung der Natur im Jahreskreislauf und lernt, sich seelisch damit in Einklang zu setzen.

Rudolf Steiner selbst charakterisiert im Vorwort das von ihm Angestrebte mit folgenden Worten: «Was die große Welt im Zeitenlaufe offenbart, entspricht einem Pendelschlage des Menschenwesens, der nicht im Elemente der Zeit abläuft. Es kann vielmehr fühlen der Mensch sein an die Sinne und ihre Wahrnehmungen hingegebenes Wesen als entsprechend der licht- und wärmedurchwobenen Sommernatur. Das Gegründetsein in sich selber und das Leben in der eigenen Gedanken- und Willenswelt kann er empfinden als Winterdasein. So wird bei ihm zum Rhythmus von Außen- und Innenleben, was in der Natur in der Zeiten Wechselfolge als Sommer und Winter sich darstellt. Es können ihm aber große Geheimnisse des Daseins aufgehen, wenn er seinen zeitlosen Wahrnehmungs- und Gedankenrhythmus in entsprechender Weise zum Zeitenrhythmus der Natur in Beziehung bringt. So wird das Jahr zum Urbilde menschlicher Seelentätigkeit und damit zu einer fruchtbaren Quelle echter Selbsterkenntnis.» Ein «fühlendes Selbsterkennen» nennt Rudolf Steiner das, was man durch die Hingabe an die sich von Woche zu Woche wandelnden Naturstimmungen gewinnen kann. Es handelt sich dabei zugleich um ein fühlendes Welterkennen. Man wird übergeführt von der Wahrnehmung von Raumesbildern zum Erleben von Zeitqualitäten, das sich steigern und wie die Begegnung mit einem Zeitenwesen werden kann. Die Sprüche geben eine Anleitung, zu diesem Wesenhaften hinzugelangen.

Wie ist das zu verstehen? Zum Schlüssel kann ein Satz aus Rudolf Steiners *Lebensgang*[5] werden: «Die Welt ist wesenhaft; aber der Mensch gelangt zuerst noch nicht zu diesem Wesenhaften. Er verschließt sich noch vor demselben. Er bildet sich, weil er sein eigenes Wesen noch nicht der Welt gegenüberstellt, ein Weltbild, das des Wesens entbehrt.» Also nur wenn der Mensch sich selbst als *Wesen* erfaßt hat und sich so wesenhaft der Welt gegenüberstellt, kann er zum Erleben des Wesenhaften in der Welt im zeitgerechten Sinne kommen. Würde er im rein Naturhaften bleiben und dieses immer mehr an die Welt hingeben, so würde er sich selbst verlieren. Er würde ins Bild der Natur hinein verschwinden wie der erwähnte chinesische Maler. Was findet der Chinese, dem die volle Einswerdung mit der Natur gelungen ist? Er findet die Leere, das Nichts. Dies hat er auch angestrebt.

Will man Wesenhaftes in der Natur finden, so muß man *sich* ihr *als Wesen* gegenüberstellen. Dann beginnt sie zu ‹sprechen›. Nur Wesen, die sich unterscheiden, können miteinander sprechen; zum Sprechen gehört ein Gegenüber. Im Seelenkalender taucht mehrfach die Formulierung auf, daß etwas aus der Natur heraus zum Menschen spricht. Was spricht?

Es spricht das Weltenwort,
das ich durch Sinnestore
in Seelengründe durfte führen.

(17. Spruch)

Das «Weltenwort» ist der göttliche Logos, der seit dem Ereignis von Golgatha in der Natur webt und lebt. Es wird hier in aller Zartheit an ein zentrales christliches Geheimnis gerührt, das Novalis mit den Worten beschreibt:

Er ist der Stern, er ist die Sonn,
er ist des ewgen Lebens Bronn,
aus Kraut und Stein und Meer und Licht
schimmert sein kindlich Angesicht.

Aus der Natur heraus blickt uns das Göttliche an. Es äußert sich aber nicht zu jeder Jahreszeit auf die gleiche Weise. Ein anderes ist es, was das Wachsen und Blühen des Sommers zu uns spricht, ein anderes, was uns Frost und Schneefall im Winter verkünden. Der Seelenkalender kann uns eine Hilfe dazu sein, das «Weltenwort» zu vernehmen, wie es einmal von außen, einmal von innen in der menschlichen Seele ertönt.

Wahrnehmungsübungen, Märchenbetrachtungen und die meditative Versenkung in die Sprüche des Seelenkalenders sind drei Seelentätigkeiten, die zwar nicht zugleich ausgeübt werden können, aber sich gegenseitig stützen und bereichern. Die Kraft, die man bei dem einen erübt hat, kann in das andere einfließen.

Das Verhältnis des Menschen zu seinem Leibe

Marja Morewna

Es wurde ausgeführt, daß sich die christlichen Feste harmonisch in den natürlichen Jahreslauf einfügen, jedenfalls in Europa, wo sie entstanden sind.

Eine Zeit des Jahres gibt es aber, wo sich die christliche Tradition und der äußere Naturlauf zu widersprechen scheinen, das ist die Passionszeit. Die Natur lebt in langsamen Entwicklungen und Übergängen. Der österliche Jubel aber soll offensichtlich ganz plötzlich hervorbrechen aus einem Tiefpunkt heraus. Von einem Tag auf den andern soll die Stimmung umschlagen vom tiefsten Schmerz zu höchster Freude.

Schauen wir im März in die Natur hinaus, so ist die steigende Gebärde nicht zu übersehen, und auch durch den Seelenkalender wird sie nur unterstrichen. Es wird wärmer, die Lichtfülle nimmt zu, die ersten Frühjahrsblüher zeigen sich. Die Passionszeit erscheint zunächst wie ein Fremdkörper in diese Situation hineingesetzt. Ist es wirklich ganz so?

Gewiß freut man sich über die ersten warmen Tage, andererseits empfindet man sie oft als anstrengend. Der Organismus reagiert mit der bekannten Frühjahrsmüdigkeit. Es kann noch weiter gehen:

Krankheiten treten auf, ja, man kann sogar feststellen, daß es im März besonders viele Todesfälle gibt.

Offensichtlich hat es der Leib des Menschen schwer, sich aus der Winterlichkeit auf das steigende Wachstum in der Natur umzustellen. Das fängt bei den Augen an, sie sind die größere Helligkeit und die Intensität der Farben nicht mehr gewöhnt, müssen wieder lernen, in die Weite zu schweifen. Hierauf macht auch der Seelenkalender aufmerksam:

> Es findet sich der Weltengeist
> im Spiegelbild des Menschenauges,
> das seine Kraft aus ihm
> sich neu erschaffen muß.
>
> (51. Spruch)

Beim ersten größeren Ausflug merkt man vielleicht auch, daß die Glieder wie eingerostet sind, ihre Beweglichkeit neu erüben müssen. Die Werdekraft in der Natur kann offensichtlich vom Körper nicht einfach aufgegriffen werden, sie droht ihn zu überwältigen, macht ihn dumpf und schläfrig. Plötzlich wird deutlich, daß das Bewußtsein, in dem doch unser Gefühl, ein Mensch zu sein, verankert ist, nicht mit den Vitalitäts-, sondern mit den Abbaukräften verbunden ist. Sein und Bewußtsein stehen in Widerstreit zueinander.

Eigentlich besteht ja das ganze Leben darin, daß man «älter» wird, daß die Lebenskräfte schwinden zugunsten des Bewußtseins, mit anderen Worten, wir erleben ein kontinuierliches Anwachsen der Todeskräfte im Leibe. Hat man ein gewisses Alter erreicht, so beginnt man auf einmal, und zwar besonders im Frühling, den Tod in sich zu fühlen. Man spürt die eigenen Knochen wie etwas Fremdes, das sich bemerkbar machen will vom Innersten der Leiblichkeit her. Man fängt langsam an, sich mit dem Gedanken vertraut zu machen, daß man eines Tages nicht mehr Herr im eigenen Leibeshaus sein könnte.

Was ist das für eine fremde Gewalt in uns? Wir erleben sie als mit den Knochen verbunden. «Meine alten Knochen wollen nicht mehr so recht», sagt wohl einer. Sie möchte unsere Beweglichkeit beeinträchtigen, strebt danach, den Körper starr und fest zu machen, so daß die Seele, die in der Kindheit den weichen Körper mit Leichtigkeit ganz durchdringen kann, einerseits sich lockert, das heißt den Körper nicht mehr ganz beherrscht, andererseits sich eingesperrt fühlt in den «Turm» des Leibes.

Nehmen wir es ruhig ernst, daß es ein fremdes Wesen ist, das unseren Körper an sich reißen will! Wir können es den Knochenmann nennen oder auch, wie es in der Anthroposophie bezeichnet wird, Ahriman.

Betrachten wir es einmal umgekehrt als bisher: Wie erlebt der Knochenmann seine Anwesenheit in uns, ehe er sich in für uns unangenehmer Weise bemerkbar macht? Er ist ja immer da, vom Beginn unseres Erdenlebens an, sonst wären wir alle rachitisch, könnten uns nicht aufrichten, uns nicht die Raumeswelt erobern. Er dient uns – aber unfreiwillig. Er ist dazu gezwungen, indem er in unsere physische Leiblichkeit einverwoben ist. Das russische Märchen kennt den «unsterblichen Knochenmann» oder auch den «unsterblichen Gefangenen». Ein Bild von ihm gibt uns Rudolf Steiner in seiner Holzskulptur im Goetheanum: Ahriman gefesselt in einer Höhle unter der Erde. Sein ganzer Leib ist verkrampft und verzerrt, ein Bild der Verhärtung und Sklerotisierung.

Ein Märchen aus Rußland, das von ihm erzählt, ist das von Marja Morewna. Es soll im folgenden besprochen werden.

Iwan Zarewitsch verheiratet nach dem Tode seiner Eltern seine drei Schwestern mit drei Helden in Vogelgestalt: einem Falken, einem Adler und einem Raben. Ein Jahr später zieht er aus, um seine Schwestern zu besuchen. Unterwegs trifft er auf ein geschlagenes Heer. Ein einzelner Überlebender gibt ihm auf seine Frage die Auskunft: «Dieses mächtige Heer schlug Marja Morewna, die schöne Königstochter!» Etwas später trifft er die Jungfrau, sie gewinnt ihn lieb, heiratet ihn und nimmt ihn mit in ihr Reich.

Es vergeht eine Zeit, da will sie wieder in den Krieg ziehen. Sie übergibt Iwan Zarewitsch die Herrschaft, verbietet ihm aber, in eine bestimmte Kammer des Schlosses zu schauen. Er kann sich nicht bezwingen, öffnet sie doch und findet dort Kostschej, den Unsterblichen, von der Jungfrau mit zwölf Ketten festgeschmiedet. Dieser bittet: «Gib mir zu trinken, ich verschmachte!» Iwan Zarewitsch bringt ihm Wasser, und nach dem dritten Eimer ist er so stark geworden, daß er die Ketten zerreißt, Marja Morewna raubt und mit ihr davonfliegt.

Gehen wir davon aus, daß jedes Märchen einen besonderen Aspekt des Menschen darstellt. Was für ein Bild wird uns hier gegeben? Eine Behausung, ein Schloß, in dem insgeheim ein Gefangener angekettet ist: Können wir darin nicht etwas wiedererkennen, wovon bereits die Rede war? Den menschlichen Leib und verborgen in ihm den Knochenmann? Herrin im Haus ist die Seele, sie setzt ihm Grenzen. Ein Körper ohne Seele ist sofort dem Tode verfallen.

Marja Morewna, die Jungfrau Menschenseele, ist nicht nur wunderschön, sie ist auch kriegerisch. Die Seele, man kann auch sagen, der Astralleib, ist vor allem Träger des Bewußtseins. Das Bewußtsein aber arbeitet mit den Todeskräften. Im Wachzustand wird der physische Leib kontinuierlich abgebaut, um im Schlafe, wenn der Astralleib sich herauslokkert, wieder regeneriert zu werden. Wo das Bewußtsein gewirkt hat, hinterläßt es ein Schlachtfeld.

Aber das Bewußtsein muß zum Selbstbewußtsein werden, indem es sich mit dem Ich verbindet. Dies ist Ziel der menschlichen Entwicklung. Wenn wir in Iwan Zarewitsch ein Bild des Königs in uns, der Ich-Natur sehen, können wir verstehen, weshalb die kriegerische Jungfrau sich ihm so widerstandslos und ohne Bedingungen zu stellen ergibt. Sie braucht diese Beziehung.

Nun aber geschieht Unheil. Und hier sind wir bei dem, was sich in jedem Frühling, in jeder Vorosterzeit ereignet. Die Lebenskräfte, die sich im Winter zurückgezogen haben, greifen erneut nach der Erde, bewirken ein Quellen und Sprießen. Auch der Knochenmann bekommt seine Erquickung. Das macht ihn stark. Er bekommt die Übermacht, raubt die Menschenseele. Ein altes Bildmotiv: Der Tod und das Mädchen!

Von nun an geht alle Aktivität an Iwan Zarewitsch über. Er macht sich auf den Weg, die Geliebte zu befreien. Darum müssen wir etwas genauer anschauen, wie dieser junge Zar charakterisiert ist. Wir gingen davon aus, daß er auf der «inneren Bühne» die Ich-Natur repräsentiert, das heißt die individuelle Geistigkeit des Menschen. Aber das erste, was er tut, kann uns seltsam anmuten: Er gibt seine Schwestern drei Vögeln zu Gemahlinnen. Vögel sind keine Erdenwesen, sie leben im Umkreis, stellen eine Verbindung zu den Weltenweiten, zur Peripherie dar, zu dem, was der Seelenkalender den «Weltengeist» nennt. Solche kosmischen Wesen hat er sich verbunden, von ihnen wird er umschwebt und beschützt. Dadurch wird er zu Taten fähig, die er allein nicht zustande bringen könnte.

Die Vogelschwäger greifen ein, als Iwan Zarewitsch bei dem Versuch, Marja Morewna wiederzugewinnen, immer wieder vom Pferd des unsterblichen Kostschej mit Leichtigkeit eingeholt und schließlich von diesem zerstückelt, in ein Faß gesteckt und ins Meer geworfen wird. Der Adler findet das Faß und holt es heraus, der Rabe besprengt die Teile mit dem Wasser des Todes, da wachsen sie wieder zusammen, der Falke besprengt sie mit dem Wasser des Lebens, da ist Iwan Zarewitsch zu neuem Leben erweckt.

Iwan Zarewitsch bekommt Hilfe aus dem Kosmos, nicht aber Marja Morewna. *Sie* aus der Gewalt des Todes zu befreien, bleibt nach wie vor seine Sache. Doch er muß einsehen, daß der unsterbliche Kostschej ihm überlegen ist, und zwar wegen des

Pferdes, das er reitet. Es geht nun also darum, auch ein solches Pferd zu erwerben.

Das Märchen ist deutlich zweigliedrig. Mir scheint, daß beide Teile ein Geheimnis der menschlichen Leibesnatur enthalten, aber es werden dafür verschiedene Bilder verwendet. Im ersten Teil sahen wir den physischen Leib charakterisiert als Hülle, als Behausung von Seele und Geist, in der die Todeskräfte verborgen und gefesselt sind. Im zweiten Teil kann man im Pferd des unsterblichen Kostschej den Leib sehen, der von den Todeskräften «geritten» wird. Der erste Teil gipfelt in der Hochzeit und dem gemeinsamen Wohnen und Herrschen, am Ende des zweiten Teils ist der Knochenmann besiegt mit Hilfe der Pferde, auf denen nun das Königspaar reitet.

Die eigentliche Leistung von Iwan Zarewitsch besteht darin, aus einem anderen Daseinsbereich das Pferd zu holen, das allein ihm helfen kann. Diese Geschichte wird in der zweiten Hälfte des Märchens erzählt. Die Grenze, die es zu überschreiten gilt, ist der Feuerfluß. Seine Überquerung ist die erste Probe. Wir gehen wohl nicht fehl, darin eine «Feuerprobe» zu sehen, so wie sie auf dem Weg zur Einweihung seit alters beschrieben wird. Auch Mozarts *Zauberflöte* enthält das Motiv. Was auf dem Wege geistiger Schulung darunter zu verstehen ist, beschreibt Rudolf Steiner in seinem Buch *Wie erlangt man Erkenntnisse der höheren Welten* im Kapitel «Die Einweihung»:

«Die erste ‹Probe› besteht darinnen, daß er [der Einzuweihende] eine wahrere Anschauung erlangt von den leiblichen Eigenschaften der leblosen Körper, dann der Pflanzen, der Tiere und des Menschen, als sie der Durchschnittsmensch besitzt. Damit ist aber nicht das gemeint, was man heute wissenschaftliche Erkenntnis nennt. Denn nicht um Wissenschaft, sondern um *Anschauung* handelt es sich. – In der Regel ist der Vorgang so, daß der Einzuweihende erkennen lernt, wie sich die Naturdinge und Lebewesen für das geistige Ohr und geistige Auge kundgeben. In einer gewissen Weise stehen diese Dinge dann unverhüllt – nackt – vor dem Beschauer. – Dem sinnlichen Auge und dem sinnlichen Ohr verbergen sich die Eigenschaften, die man da hört und sieht. Sie sind für dieses sinnliche Anschauen wie mit einem Schleier verhüllt. Daß dieser Schleier für den Einzuweihenden wegfällt, beruht auf einem Vorgang, den man als ‹geistigen Verbrennungsprozeß› bezeichnet. Deshalb wird diese erste Probe die ‹*Feuerprobe*› genannt.»[6]

Er beschreibt dann, wie diejenigen Menschen am besten hierzu vorbereitet sind, die im Leben gelernt haben, in leidvollen Erlebnissen, Enttäuschungen und Mißerfolgen Ruhe, Selbstvertrauen und Standhaftigkeit zu bewahren. Es geht darum, standzuhalten, wenn Illusionen wegfallen. Interessant ist in unserem Zusammenhang, daß dasjenige, was sich durch das Bestehen dieser Probe dem erkennenden Blick enthüllt, «die leiblichen Eigenschaften der Dinge und Wesen» genannt wird. Um solche muß es sich also in den folgenden Bildern des Märchens handeln, nachdem Iwan Zarewitsch den Feuerfluß überquert hat.

Zunächst muß er lange wandern. Ihn hungert. Er möchte seinen Hunger stillen durch ein Küken, ein Löwenjunges und Honig aus dem Bienenstock, aber auf die Bitten der Vogelmutter, der Löwin und der

Bienenkönigin unterläßt er es. Schließlich kommt er zur Herrin dieses Weltbereichs, der Baba Jaga, deren Stuten er hüten muß. Gelingt es nicht, so wird sein Kopf auf den Zaunpfahl kommen. Es würde ihm gewiß nicht gelingen – weil die Stuten immer, wenn er sie auf die Weide getrieben hat, sofort wie der Wind verschwunden sind –, hätte er sich nicht drei Tierhelfer erworben. Verzweifelt und weinend schläft er ein. Vogel, Löwin und Biene aber erscheinen jeweils zur rechten Zeit, um die Pferde am Abend wieder in den Stall zu treiben.

Wer ist die Baba Jaga? In *diesem* Fall – nicht in allen Märchen – hat sie hexenhafte Züge. Man kann in ihr die Gegengewalt zum Knochenmann sehen. Dieser bewirkt Sklerotisierung, Verhärtung, das Element der Baba Jaga ist das Feuer. Sie möchte den Menschen in den Flammen verschwinden lassen. In die Flammen gerät sie dann selbst, dort gehört sie hin.

Interessant ist, daß in dem ganzen Reich jenseits des Feuerflusses nur weibliche Figuren erscheinen: die lufizerische Alte, die helfenden Tierweibchen und die Stuten. Es ist eine Welt, in die der Mensch gelangt, wenn er in sein eigenes Inneres hinabsteigt. In Tiergestalt zeigen sich die Triebe, die Instinkte, die Mächte des Unterbewußten.

Iwan Zarewitschs Leistung in diesem Weltbereich ist, daß er seinen Hunger bezwingt, die Triebe seiner Leibesnatur zu beherrschen weiß. Dadurch macht er sie sich dienstbar. Sie helfen ihm dann, während er schläft. Er bekommt Macht über das Pferd der Baba Jaga, mitternachts holt er es aus dem Stall und führt es aus dem nächtlichen Bereich des Unterbewußten heraus in den hellen Tag. Unten bei der Baba Jaga ist es ein häßliches räudiges Fohlen, oben bei Marja Morewna verwandelt es sich in ein prächtiges Heldenroß. Dieses Roß zertrümmert dem unsterblichen Kostschej den Schädel. Nun besteigt Marja Morewna die Stute, die bisher Kostschej gedient hat, und Iwan Zarewitsch das Roß der Baba Jaga, und so reiten sie heim in ihr Reich. Sie haben die beiden gegensätzlichen Widersachermächte, die den Leib besetzt hielten, unter sich gebracht.

Bei den russischen Märchen ist der Einfluß christlicher Glaubensinhalte besonders deutlich. Auch in diesem kann man tiefe Geheimnisse über die Überwindung der Todesmächte durch die Kraft der Auferstehung finden. Man darf allerdings keine zu enge Vorstellung vom Christentum haben, sondern muß eher auf die Grundgebärden schauen. Dann kann man in den folgenden Sätzen von Michael Bauer eine Art Quintessenz unseres Märchens erkennen:

«Man kann allerdings erst richtig sehen, wenn man die Wirkung des Christentums nicht zu sehr jenseits des Grabes in der Überwindung des Todesaugenblicks sucht, sondern den Tod als unsern alltäglichen Begleiter, uns einwohnend, ja eingeboren erkennt. Dieser Tod in uns wird durch das christliche Leben – nicht durch das christliche Sterben – überwunden, indem sich ein über dem Gegensatz Leben – Tod liegendes neues ewiges Leben in uns entzündet, das nicht bloß die Seele, sondern auch *den Leib* ergreift.»[7]

Fassen wir noch einmal den Vorgang zusammen: Es gehört zu unserer Erdenaufgabe, den Widerstand des Knochenmannes, die Tendenz des Menschenleibes zum Zerfall, in uns zu spüren. Indem wir dabei den eigenen Leib wie innerlich abtasten in Müdigkeit und Krankheit, lernen wir die Todeskräfte kennen, erüben aber auch die Fähigkeit, seelisch nicht mitzugehen, sondern uns davon zu distanzieren. Dazu müssen wir uns in unserem Willen greifen lernen, müssen die Kraft entwickeln, nicht jeder Begierde nachzugeben. Dann werden wir ein Pferd reiten, das den Todeskräften überlegen ist, um nochmals dieses Bild zu gebrauchen.

In dem Maße, in dem das Leibliche abnimmt, wird Geistiges frei. Das Geistige stößt sich sozusagen am Leiblichen ab. Man kann so weit gehen zu sagen, daß auf diese Weise Physisches in Geistiges verwandelt wird. Was die Seele daran erlebt, ist unzerstörbar. Der Mensch baut so an einem Leib, der nicht dem Tode unterworfen ist.

Das Märchen sagt, der Knochenmann sei unsterblich, und doch wird er getötet. Wie kann man das verstehen?

Der Knochenmann ist unsterblich für die Erde als Ganzes. Solange die Erde steht, muß sie die Verhärtungstendenz in sich tragen. Nach unserem Tode wird unser «individueller» Knochenmann als Kräftewesenheit von der Erde aufgenommen, so daß andere Wesen davon Gebrauch machen können.

Während wir aber leben, haben wir die ganz persönliche Aufgabe, ihm immer wieder den Schädel zu zertrümmern. Es ist das ein drastisches Bild dafür, daß wir unseren Schädel öffnen sollen, um den spirituellen Einschlag in unser Gedankenleben aufzunehmen. Bei einem Neugeborenen, das noch ganz geistdurchdrungen ist, ist der Schädel oben offen. Durch Öffnung des Schädels das Denken aus dem Kopfe zu befreien ist ein Auferstehungserlebnis im Denken.

Die Zeit des Jahres, die uns solche Erlebnisse von der Naturseite besonders nahelegt, ist die Passionszeit, wo seelisches und körperliches Erleben miteinander in Widerstreit geraten. Es ist die Zeit, in der Gegensätzliches ausbalanciert werden soll, bis wir die Mitte gefunden haben. Dann ist Ostern!

Das Ausschaukeln der Gegensätze

Auf dem Wege vom Frühling zum Sommer

Der Frühling wurde in alten Zeiten vielerorts durch Schaukelfeste gefeiert. Bei Griechen, Römern und Slawen, aber auch bis nach Asien hinein (Korea, China usw.) findet man derartige Bräuche. Die rhythmische Bewegung des Schaukelns zwischen gegensätzlichen Polen hat etwas Harmonisierendes. Dies gilt auch für die «Wippe», die man nur zu zweit in Gang setzen kann. Man kommt dabei in eine zueinander gegenläufige Bewegung mit jeweils einer «Gleiche» dazwischen, in der man ein Bild für die Tagundnachtgleiche sehen kann, für den Ausgleich zwischen Kälte und Wärme, Licht und Finsternis, Winter und Sommer.

In der aufsteigenden Hälfte des Jahres werden die Tage länger und die Nächte kürzer. Diese Bewegung verläuft aber nicht gleichmäßig. Ist im Laufe des Januar der Zuwachs der Tageslänge etwas mehr als eine Stunde, so steigert sich dies bis zum März, wo er fast zwei Stunden beträgt, und nimmt danach langsam wieder ab. Im März, zur Zeit also des intensivsten Hellerwerdens, wird zugleich das Tor der Tagundnachtgleiche durchschritten. Für ganz kurze Zeit ist ein Höhepunkt und ein Gleichgewichtszustand erreicht.

Was im Kosmos geschieht, findet sein Abbild in der empfindenden Menschenseele. Wenn der Februar oder März die ersten wärmeren Tage, schüchtern sprießende Frühlingsblumen und vielleicht schon einen morgendlichen Amselgesang bringt, so wendet der Mensch sich mit freudigem Interesse der Außenwelt zu. Kommt der Frühling zu plötzlich, so fühlt man sich angestrengt und wie betäubt. Man muß sich an die Lichtfülle gewöhnen, die Augen müssen erst wieder sehen lernen. Diese kritische Phase hat man meist gegen Ende März überwunden. Zwischen Seele und Welt hat sich eine Art Gleichgewichtslage eingestellt, die der äußeren Tagundnachtgleiche entspricht. Sowohl Tag und Nacht als auch Innen- und Außenwelt haben sich aufeinander eingependelt. Das Erleben harmonischer Ausgeglichenheit dauert aber nur kurze Zeit. Ist im Gang des Jahres die Tagundnachtgleiche überschritten, so wird sofort die Welt der Sinneseindrücke dominierend. Man erlebt es in jedem Frühjahr aufs neue: die ersten Erscheinungen des Sprießens und Sprossens beachtet man stark, dann bricht eine solche Fülle herein, daß man nicht mehr mitkommt. Man wird überwältigt. Im Seelenkalender ist die Rede davon, wie das Menschen-Ich sich selbst vergißt, sich selbst verliert, je mehr es auf den Sommer zugeht.

Der Frühlingsbeginn hängt von der Sonne ab. Bald danach ist Ostern. Dieses Fest wandert sanft schaukelnd hin und her mit den wechselnden Gezeiten des Frühlingsvollmondes. Es ist also gleicherweise von der Sonne wie vom Monde bestimmt. Auch hier haben wir Gegensätzliches, das zueinander in Beziehung tritt. Der Punkt, wo Gegensätze zum Ausgleich kommen, sich vereinigen, ist voller Geheimnisse. Er schließt Entwicklungsmöglichkeiten ein wie ein Samenkorn. Ostern ist die Zeit des zukunftsträchtigen Samens. Daher ist das Ei, insbesondere das rote Ei – wenn man die rote Farbe als Bild der Aktivität nimmt – ein bedeutsames Symbol des Osterfestes.

In Zeiten, als auch für die Menschen die Fortpflanzung noch jahreszeitlich geregelt war, wie es heute nur noch bei den Tieren ist, fielen die Hochzeiten in den Frühling. Auch die Empfängnis ist ein Vorgang, wo sich Gegensätzliches liebend vereinigt und aus dem winzigen Keimpunkt neues Leben entsteht.

Durch das Christentum wurden die Menschen gerade in der Frühlingszeit vor die Bilder von Leiden, Tod und Auferstehung Christi gestellt. Es sind Bilder von krasser Gegensätzlichkeit, die sich aber gegenseitig bedingen. Ohne Tod keine Auferstehung. Ist nicht auch der in die Erde gelegte Leib des Christus wie ein Samenkorn, das bei der Keimung zugleich nach unten wie nach oben wächst? Die sogenannte Höllenfahrt Christi entspricht der Wurzelbildung, verankert den Christus-Impuls im Erdorganismus. Nach oben sprießt die Gestalt des Auferstandenen – des «Gärtners», wie Maria Magdalena ihn zunächst sieht – in die Frühlingsnatur hinein und verschmilzt bei der Himmelfahrt mit den Umkreiskräften. – Wie kann dieser kosmische Vorgang menschlich erlebt werden?

Für die Jünger, die mit dem Jesus von Nazareth gelebt hatten, trat er mit der Kreuzigung aus der Welt des sinnlich Sichtbaren hinaus und mit der Auferstehung herein in den Bereich des übersinnlich Wahrnehmbaren. Übersinnliche Wahrnehmungen können nur gemacht werden, wenn die Seele dazu vorbereitet ist. Auf welche Art dies bei den Jüngern geschah, zeigt in eindrücklicher Weise die Geschichte von den beiden Jüngern auf dem Wege nach Emmaus, von der das Lukas-Evangelium berichtet. Sie sprechen unterwegs miteinander über die Ereignisse um Tod und Auferstehung, die sie in große Ratlosigkeit versetzt haben. Plötzlich gesellt sich ein Dritter zu ihnen, der die Worte der prophetischen Weissagungen mit dem Geschehenen in Beziehung setzt, so daß sich ihnen der Sinn erhellt. Sie bitten ihn in ihr Haus, und als er beim Mahl mit ihnen sitzt, fällt es ihnen wie Schuppen von den Augen: sie erkennen den Christus. Und in diesem Augenblick entschwindet er ihren Blicken.

Die Geist-Begegnung findet statt auf dem Wege nach innen. Sie sind zusammen von der Straße ins Haus getreten, ja noch weiter, in ihren seelischen Innenraum. Dort finden sie die Herzens-Erleuchtung im Rückblick, im nachhinein. Sie erinnern sich: «Brannten nicht unsere Herzen bereits, als er uns auf dem Wege den Sinn der Schrift erschloß?»

Die Jünger werden darauf verwiesen, zurückzuschauen, ihre Erinnerungen zu pflegen, sich in ihren inneren Seelenraum zu versenken. Wir müssen hinzunehmen, daß dies in der Zeit *nach* Frühlingsbeginn geschah, in der Zeit, in der die harmonische Ausgleichslage in der Natur bereits überschritten war, wo das Äußere, die Tagseite des Daseins gesiegt hatte. Jetzt, wo sich der Mensch mit Freuden in die Außenwelt hingezogen fühlt, kommt dieser Appell der *Umkehr,* die Aufforderung, die inneren Seelenkräfte, die *Kräfte der Erinnerung* zu aktivieren. Für die Zeit von vierzig Tagen nach Ostern lebten die Jünger in dieser Weise. Das ist ein Bild, an dem wir uns orientieren können. Die Zeit nach Ostern ist eine Zeit der Verinnerlichung. Fordert dies nur der christliche Kalender? Keineswegs. Jeder Gärtner weiß, daß man bis Anfang oder Mitte Mai dem Frühling noch nicht so ganz glauben darf. Im Mai gibt es oft noch Nachtfröste, zur Zeit der «Eisheiligen», ein Gegenschlag auf das austreibende Frühlingsgrün. Erst danach stellt man die Geranien auf die Fensterbänke und rechnet damit, nicht mehr heizen zu müssen.

Wir können also sowohl in der Vor- als auch in der Nachosterzeit zwei gegenläufige Bewegungen unterscheiden: *Vor Ostern* ist der Mensch von der Seite seiner Leiblichkeit her noch dem Winter verhaftet, seelisch aber wendet er sich willig und freudig der sonnenerhellten Welt zu. Dieser noch nicht ausgeglichene Zwiespalt äußert sich häufig in Krankheiten. Es ist tief sinnvoll, daß die Osterzeit dem Erzengel Raphael, dem Heiler, zugeordnet ist. – *Nach Ostern* hingegen ist das Winterliche in uns überwunden. Wir sind bereit, uns stürmisch der Außenwelt zu übergeben, die sich im Blütengewand von überwältigender Schönheit offenbart. Das Evangelium aber ermahnt uns zur Umwendung, zur Einkehr in die Welt der Erinnerung. Die vierzig Tage nach Ostern haben bei allem Frühlingszauber eine innehaltende, nach innen gewandte, besinnliche Gebärde.

Eine interessante Tatsache ist es, daß die Jahresfeste der alten keltischen Kultur nicht zur Zeit der Sonnenwenden und Tagundnachtgleichen stattfanden, sondern jeweils vierzig Tage danach, also um den 1. Mai, 1. August, 1. November und 1. Februar herum, genau *zwischen* unseren Festen. Die Zahl 40 hatte auch im semitischen Bereich eine besondere Qualität: vierzig Tage nach einer Geburt fand die Darstellung des Kindes im Tempel statt, nach der Jordantaufe zog sich Jesus für vierzig Tage in die Einöde zurück. Die Qualität dieser Zeitspanne könnte man vielleicht so charakterisieren: So lange dauert es, bis sich ein Impuls wirklich mit dem Erdenleben verbunden, das heißt sich ‹verwirklicht› hat.

Wann hat der Frühling sich «verwirklicht»? Da brauchen wir nur die alten Volkslieder zu fragen: «Der Maien, der Maien, der bringt uns Blümlein viel ...» – «Der Mai, der Mai, der lustige Mai, der kommt herangerauschet ...» – «Der Mai ist gekommen, die Bäume schlagen aus ...» Es gibt keine Lieder zum April. Lieder und Tänze gehören zu den Maienfesten. Am 1. Mai wurde bei den alten keltischen Völkern das Beltaine-Fest gefeiert. Es hatte eine hohe Bedeutung und wurde mit Feuer-Ritualen begangen. In manchen Gegenden Deutschlands werden noch heute in der Nacht vom 30. April auf den 1. Mai, der Walpurgisnacht, große Feuer entzündet, in denen Strohhexen verbrannt werden. Daß in der Walpurgisnacht die Hexen auf den Blocksberg ziehen, wissen wir spätestens aus Goethes *Faust,* wo ein unglaublich schönes Stimmungsbild dieser Frühlingszaubernacht gegeben wird, in der es von

Elementarwesen wimmelt und die Menschen leicht in rauschhafte Zustände gerieten. Von «Hexen» sprach man erst zu der Zeit, als das in früheren Zeiten allgemeine altmagische Bewußtsein geschwunden war und in seinen Resten den Menschen unheimlich wurde. Wir dürfen daher wohl annehmen, daß das Beltaine-Fest bei den Kelten durch Priesterkulte begangen wurde, die später sowohl mißverstanden wurden als auch in Dekadenz gerieten.

Im christlichen Kalender fällt in diese Zeit, in den Mai, meist in seine erste Hälfte, das Fest von Christi Himmelfahrt. Die Apostelgeschichte schildert, wie der auferstandene Christus, der bis dahin geistig gestalthaft mit den Jüngern gelebt hatte, zu einem bestimmten Zeitpunkt übergeht ins «Wolkensein», in die Sphäre des Ätherischen. Es gibt mittelalterliche Gemälde, auf denen dargestellt ist, wie die Jünger ratlos herumstehen um die Stelle, von der er sich erhoben hat und auf der man nur noch seine Fußspuren erblicken kann.

Wie können wir dieses Bild mit den heidnischen Überlieferungen zusammensehen? – Die alte Naturgeistigkeit ist für uns entschwunden, zunächst in den Bereich des Aberglaubens, dann in nüchterne Aufgeklärtheit. Daher ist unser Verhältnis zur Natur ungeistig geworden. Es wird dies so lange bleiben, bis es uns gelingt, in der Natur die Fußspuren Christi zu entdecken. Christus hat die Lebenskräfte der Erde durchdrungen. Alle Feste, die an seinen Erdenwandel anknüpfen, fallen in die erste Jahreshälfte, in die Zeit der zunehmenden Tage und des beginnenden Wachstums zwischen Weihnachten und Himmelfahrt. Indem wir sie innerlich mitvollziehen, erbilden wir eine Kraft in uns, mit der wir uns getrost und vertrauensvoll der äußeren Sinneswelt hingeben können ohne die Furcht, uns in ihr zu verlieren.

Der Seelenkalender weist auf ein wichtiges Sommer-Erlebnis mit den Sätzen: «Verliere dich, um dich zu finden» (9. Spruch) und «Verlieren kann das Menschen-Ich und finden sich im Welten-Ich» (11. Spruch). Diese beiden Sätze weisen einen feinen Unterschied auf. Der zweite entfaltet, was im ersten nur angedeutet wird. Das Ich, das verloren wird, ist dasjenige, das eingeschränkt ist «in enger Selbstheit Innenmacht» (5. Spruch). Gefunden wird die Möglichkeit, das eigene Ich dem Welten-Ich zu vereinen. Das Menschen-Ich würde arm und inhaltsleer, wenn es sich nicht immer wieder mit dem Reichtum der äußeren Welt durchdringen würde, ja es würde, wenn es sich in sich abschließen wollte, «sich selbst erlöschen», «sich selbst ertöten» (20. Spruch).

Sommer-Stimmung ist: Ich wende mich nach außen, und etwas kommt mir entgegen, strömt in mich ein. Allerdings, je mehr man sich dieser Stimmung hingibt, desto mehr beginnt sie, sich mit Ernst zu durchziehen. Das, was begegnet, ist gewaltig. Die Seele muß sich weit machen, um es in sich zu fassen. Dabei aber wird sie sich immer mehr des eigenen Ungenügens bewußt. Man erlebt sich als unfähig, sich mit dem, was an weisheitsvoller Gestaltung geistig in der Natur lebt, zu vereinigen. Das mischt in die Sommerfreude eine leichte Gedämpftheit und Wehmut.

Während das Weihnachtsfest uns dahin führen möchte, das Göttliche im Seeleninnern zu finden, das «Geisteskind im Seelenschoß» (38. Spruch), tritt uns dieses in der Hochsommerzeit durch das Anschauen der sonnenerhellten Natur von außen entgegen.

Die zwei Seiten der Christus-Begegnung sind differenziert angesprochen in dem alten Weihnachtslied «Ich steh an deiner Krippe hier ...» Die zweite Strophe lautet:

Ich lag in finstrer Todesnacht,
Du wurdest meine Sonne,
Die Sonne, die mir zugebracht
Licht, Leben, Freud und Wonne.
O Sonne, die das werte Licht
Des Glaubens in mir zugericht,
Wie schön sind deine Strahlen.

Hier geht es um die Geistessonne, die die innere Seelenfinsternis erhellt, die Sonne um Mitternacht. Dann folgt die dritte Strophe:

Ich sehe dich mit Freuden an
Und kann mich satt nicht sehen,
Und weil ich nun nicht anders kann,
Bleib ich anbetend stehen.
O daß mein Sinn ein Abgrund wär
Und meine Seel ein weites Meer,
Daß ich dich könnte fassen!

Indem diese Strophe an das *Anschauen* appelliert, hat sie sommerlichen Charakter. Das Du, das hier angesprochen wird, kann für uns nur im Bilde geschaut werden, die Sommernatur kann als derartiges Bild gesehen werden. Der geistigen Verinnerlichung des Winters steht das Geist-Erschauen des Sommers gegenüber.

Der Seelenkalender spricht vom «Weltenwort», das im Winter von innen, im Sommer von außen ertönt. Im Dezember heißt es:

> In meines Wesens Tiefen spricht
> Zur Offenbarung drängend
> Geheimnisvoll das Weltenwort.

(36. Spruch)

Im Juli:

> Es spricht das Weltenwort,
> Das ich durch Sinnestore
> In Seelengründe durfte führen.

(17. Spruch)

In ganz anderer Sprache werden hier die gleichen Vorgänge wie in dem alten Kirchenliede erlebbar gemacht. Die Welt will einziehen durch die Tore unserer Sinne in einen geweiteten Seelenraum in der hochsommerlichen Zeit der langen Tage und der kurzen Nächte.

Sommernachtstraum

Die Perle, die bei Nacht strahlt

Der Sommer ist die Zeit des Reisens und Wanderns. Nicht nur deshalb, weil man ja einmal im Jahr Ferien braucht, Entspannung, Abstand vom Trott des Alltags. Auch die jahreszeitliche Situation lädt dazu ein. Die Entfaltung der Pflanzenwelt, die langen Tage, die zunehmende Wärme locken hinaus in die Natur. Man möchte die Farben und Formen der Landschaft genießen, dem Gesang der Vögel, dem Rauschen des Meeres lauschen, Blumenduft riechen, Früchte schmecken und Wind, Wasser und Wärme auf der Haut spüren. Was sich so dem Schauen, Lauschen, Riechen, Schmecken und allen anderen Sinnen offenbart, kann man zusammenfassen in dem Wort «Licht» oder auch «Tag». Man fühlt das tiefe Bedürfnis, sich dem Lichte hinzugeben.

An dieses Bedürfnis knüpft Rudolf Steiner in den Sommersprüchen seines Seelenkalenders an:

> Vergessend meine Willenseigenheit,
> Erfüllet Weltenwärme sommerkündend
> Mir Geist und Seelenwesen;
> Im Licht mich zu verlieren

Gebietet mir das Geistesschauen
Und kraftvoll kündet Ahnung mir:
Verliere dich, um dich zu finden.

(9. Spruch)

Wirklich aus sich herauszugehen ist für den Menschen der Gegenwart gar nicht leicht. So aus sich herauszugehen, daß man «sich verliert, um sich zu finden». Alles äußere Reisen ist aber dafür ein Bild. In welchem Maße es gelingt, hängt nicht davon ab, wie weit man sich geographisch von daheim entfernt. Viele reisen Tausende von Kilometern und bleiben in Wirklichkeit zu Hause. Man wünscht ja oft gar nicht, sich auf anderes einzulassen. Man fürchtet sich davor, Fremdartiges zu erleben. Die Reise-Industrie macht sogar Reklame damit, daß sie uns überall die gleichen Verhältnisse anbietet wie zu Hause: den gleichen Komfort, das gleiche Essen, die gleichen Vergnügungen. Daß viele sich davon angesprochen fühlen, hängt damit zusammen, daß sie eigentlich keine neuen Wahrnehmungen machen möchten, um sich nicht selbst zu verlieren. – Wir Menschen der Gegenwart sind nicht sehr sommerlich veranlagt.

Dazu steht nicht im Widerspruch, daß wir durchaus die Sehnsucht haben, unser gewöhnliches Bewußtsein zu verlassen. Und da dieses uns ständig Wachheit und Aufmerksamkeit abverlangt, versinken wir in den Ferien gerne in Dumpfheit, lassen uns am Strand von der Sonne braten, joggen die Waldwege entlang und so weiter. Dabei sieht und hört man nicht viel. Die höheren Sinne werden ganz bewußt ausgeschaltet, man wendet sich ausschließlich an die untersten, dumpfsten, erlebt seinen eigenen Körper. Das heißt, man bleibt in seinem Leibeshaus hocken und geht gerade nicht auf Reisen.

Erst durch die höheren Sinne, das Sehen, das Hören – vielleicht noch höhere? – pflegen wir nicht nur unseren Leib, sondern bereichern auch unsere Seele. Wir erfahren die Welt, füllen uns mit ihrer Schönheit und Andersartigkeit. Das ist der erste Schritt auf der Reise in die Sommerwelt: das Wagnis, wirklich hinauszugehen, sich zu verlieren mit dem Ziel, sich zu finden; hineinzutauchen in das, was die Sinneswelt uns offenbaren will, was *hinter* der Sinneswelt verborgen ist. Shakespeares *Sommernachtstraum* schildert solche Menschen, die sich verlieren, in die Irre gehen und darum ringen, sich zu finden. Es geht darum, im Traum zu erwachen, beim Sich-Verlieren «bei sich» zu bleiben: dabeizubleiben und in voller Unbefangenheit wahrzunehmen, was dabei geschieht.

Bekannt ist das Phänomen der Nachbilder. Hat man in ein helles Licht geschaut und schließt danach die Augen, so kann man noch lange Zeit das Nachklingen des Lichtes erleben. Hat man einen starken Farbeindruck und blickt dann auf eine weiße Wand, so schaut man dort die Gegenfarbe. Es gibt aber auch ein noch feineres seelisches Nacherleben, das nicht mehr physiologisch zu erklären ist. War die sinnliche Wahrnehmung intensiv und hingebungsvoll genug, so beginnt es im nachhinein im Seeleninneren regsam und lebendig zu werden. Wenn wir genügend aktive Aufmerksamkeit nach innen wenden, während wir nach außen schauen, so können wir bemerken, wie aus den Fluten des Unterbewußten traumhaft geistig Wesenhaftes aufzusteigen beginnt. Die Nachtseite des Daseins erhellt sich. Diese Nachtseite gehört zur lichten Tagesseite wie der Mond zur Sonne. Der Mond spiegelt das Sonnenlicht zurück; so spiegeln die Nächte das Tageserleben, verarbeiten und verinnerlichen es. Was so aus dem Quell der Nacht geholt wird, kann sich in moralische Impulse des Tageslebens wandeln.

Ich möchte dies an den Bildern eines chinesischen Märchens verdeutlichen. Es heißt *Die Perle, die bei Nacht strahlt.*[8] Es beginnt im Reich des Königs unter dem Meer, des «Drachenkönigs», der Schwierigkeiten mit seiner Tochter hat, weil alle Freier, die er ihr vorführt, ihr nicht gefallen. In diesem Rahmen wird folgender «Sommernachtstraum» erzählt:

Ah-örl, ein armer Waisenknabe, träumte eines Nachts, daß ein würdiger, weißhaariger Greis zu ihm trat und sprach: «Steh auf, Ah-örl, geh hinunter zum Fluß! Deine Braut erwartet dich dort.» Hiervon erwachte er.

Was ist das für ein Greis, der eine solche Traumbotschaft bringt? In dem zitierten Spruch nennt Rudolf Steiner die richtungweisende Kraft, die im Sommer von innen aus dem gedämpften Bewußtsein heraus spricht, die «Ahnung». Auch an anderen Stellen des Seelenkalenders verwendet er dieses Wort. Schnell dahinhuschende Innenerlebnisse sind Botschaften, wenn wir aufmerksam genug sind. Sie zu bemerken und nicht einfach weiterzuschlafen, kann ein wichtiger sommerlicher Gewinn sein.

Ah-örl hat einen Bruder. Der möchte ihn gerade

dazu bringen, statt weiterzuschlafen. Er beneidet ihn um die bedeutungsvolle Traumbotschaft.

Schließlich steht Ah-örl aber doch auf und geht zum Fluß. Und was sieht er? Der Wasserspiegel erglänzt silbrig im Mondenlicht, und in den Wellen sitzt eine wunderschöne Jungfrau. Sie verspricht, die Frau desjenigen zu werden, der ihr die Perle bringt, die bei Nacht strahlt. Diese Perle befindet sich im Schloß ihres Vaters, des Drachenkönigs im östlichen Meer, so sagt sie. Und sie gibt auch beiden Brüdern eine Nadel, um das Meer zu besänftigen und den Weg dorthin zu finden.

«Ich fühle wie verzaubert im Weltenschein des Geistes Weben.» An diese Worte des Seelenkalenders kann man durch diese zauberhafte Szene erinnert werden.

Beide Brüder machen sich auf den Weg. Der Bruder leiht sich ein Pferd, um der Schnellere zu sein; Ah-örl hingegen geht zu Fuß. Auf dem Weg aber treffen sie etwas, was sie nicht erwartet haben. Ein Dorf ist überschwemmt worden, die notleidenden Bewohner sind verzweifelt, und beide Brüder versprechen, ihnen den goldenen Kürbis vom Drachenkönig zu bringen, denn nur dadurch kann das Wasser zum Sinken gebracht werden.

Als Ah-örl zum Ufer des östlichen Meeres kommt, ist sein Bruder natürlich schon längst dort, aber er hat den Mut noch nicht gefunden, den Weg ins Reich unter dem Wasser anzutreten. So kommen sie gemeinsam dort an. Der Drachenkönig empfängt sie freundlich und führt sie sogleich in seine Schatzkammer. «Aber», so sagt er, «es ist ein Gesetz des Wasserreiches, daß jeder nur einen einzigen Schatz von hier forttragen darf.» Der Glanz in der Schatzkammer übertrifft alle Vorstellungen. Beide Brüder erblicken sogleich eine Perle, die einen wundersamen Glanz verbreitet. Ein bitterer Schmerz ergreift Ah-örl, als er an die schöne Drachenprinzessin denkt. Er darf die Perle nicht nehmen; er hat ja den armen Menschen in dem überschwemmten Dorf Hilfe versprochen. So wählt er den goldenen Kürbis, worauf sein Bruder gierig nach der Perle greift.

Als Ah-örl zu dem Dorf kommt, bückt er sich sogleich und beginnt, mit dem goldenen Kürbis Wasser zu schöpfen und – o Wunder – sofort sinkt das Wasser, und die armen Menschen sind gerettet. Mit Tränen in den Augen stehen sie um ihn herum und danken ihm, und einer von ihnen hebt aus dem Schlamm eine kleine schwärzliche Perle und schenkt sie ihm zum Andenken.

Inzwischen ist sein Bruder längst bei der schönen Drachenprinzessin angekommen. Siegessicher verkündet er, daß er die Perle gewonnen habe. Als das Mädchen sie jedoch auf die Hand nimmt, zerrinnt sie zu einem Wassertropfen.

Viel später kommt auch Ah-örl. «Schöne Jungfrau», sagt er leise und traurig, «ich kann dir die Perle nicht bringen.» – «Und was ist das, was du da in deinem Ranzen hast?» fragt die Prinzessin. «Ach, das ist nur eine ganz gewöhnliche Perle. Ein Mann hat sie mir unterwegs geschenkt.» Die Prinzessin nimmt die Perle und legt sie auf ihren Handteller.

Nein, das war keine gewöhnliche Perle, diese hier strahlte wie der Mond am Himmel. Ein silbriger Glanz drang aus der Perle und ergoß sich weit und breit über den Wasserspiegel.

Die Drachenprinzessin warf die Perle hoch, hoch in die Luft. Ah-örl blickte wie verzaubert empor, er traute seinen Augen nicht. Über ihren Köpfen schwebte ein Märchenpalast, und auf seinem Dach prangte die helle, funkelnde Perle, als leuchtete sie ihnen auf den Weg.

Die Drachenprinzessin nahm den sprachlosen Ah-örl bei der Hand und sagte: «Siehe, es ist dein gutes und tapferes Herz, das so strahlt!» Und sie führte ihn in den Palast hoch oben in den Lüften.

So endet unser Märchen. Es enthält schöne, bezaubernde Bilder. Doch mehr als das. Die Vorgänge dieses Märchens spielen sich wieder und wieder in unserem Inneren ab.

In uns selbst leben diese zwei Brüder. Sie gehören eng zusammen und bilden unsere Doppelnatur. Beiden ist im «wachenden Träumen» in der Sommernacht die Schönheit der Welt erschienen. Beide verlassen ihre Hütte (sie gehen aus sich heraus) und machen sich auf den Weg, um das, was ihnen vom «Ahnen» verkündet worden ist, zu realisieren. Es ist wichtig, daß der Weg ein Ziel hat. Sie «lassen sich nicht einfach gehen». Doch nun ist es entscheidend, wie sie sich auf dem Wege, den sie eingeschlagen haben, verhalten.

Wir identifizieren uns natürlich ganz spontan mit dem «guten» Bruder. Aber ist nicht gerade der andere uns viel näher? Ist er nicht ein ganz normaler Gegenwartsmensch mit einem ganz normalen materialistischen Erfolgsbewußtsein? Dieses ist punktuell auf das Ziel gerichtet. Der Weg wird möglichst schnell erledigt, sozusagen innerlich übersprungen.

Er nimmt ein Pferd. Wenn es ihm möglich gewesen wäre, hätte er sicher ein Auto noch vorgezogen. Will man etwas erreichen, so muß man das Ziel ins Auge fassen und rücksichtslos angehen. Dabei bleibt notgedrungen etwas auf der Strecke. So funktioniert das normale Bewußtsein unseres Jahrhunderts; es hat die Technik zur gegenwärtigen Perfektion gebracht. Die Maschine produziert Ergebnisse, und Ergebnisse wollen wir sehen.

Dagegen ist Ah-örl wirklich ein «armer Waisenknabe». Man weiß nicht, ob man ihn als rückständig oder besonders fortschrittlich bezeichnen soll. Für ihn gehört der Weg zum Ziel dazu. Er legt ihn in einem menschengemäßen Tempo zurück: er geht zu Fuß! Dadurch bemerkt er, daß man auf dem Weg zur Geistesschönheit an den Erdennöten vorüberkommt. Nur an den Erdennöten kann die Liebe sich entzünden. Die Drachenprinzessin wünschte sich einen Gemahl, der ein liebevolles Herz hat. Das ist die Perle, die im verborgenen Inneren, in der Nacht, strahlt.

Die Lebens- und Denkweise, an die wir uns gewöhnt haben, wirkt zerstörerisch auf die Natur. Das Märchen weist uns auf die entgegengesetzte Möglichkeit hin: die Natur auf eine höhere Ebene zu erheben: Die Wasserprinzessin kann einziehen in das Schloß hoch oben in den Lüften. Das ist eine sommerliche Aufgabe. Im Sommer können wir üben, Wege aus uns hinaus zu finden, uns auf diesen Wegen zu verlieren und dabei in uns etwas zu finden: die Perle, die bei Nacht strahlt.

Ich sagte: beide Brüder sind in uns. Und immer wieder müssen wir von neuem entscheiden, mit welchem wir gemeinsame Sache machen wollen.

Der Schwanenflug der menschlichen Seele

Auf dem Wege vom Sommer in den Herbst

Und sollt ich nicht, sehnsüchtigster Gewalt
Ins Leben ziehn die einzigste Gestalt?
Das ewige Wesen, Göttern ebenbürtig,
So groß als zart, so hehr als liebenswürdig?
Du sahst sie einst, heut hab ich sie gesehn,
So schön wie reizend, wie ersehnt so schön!
Nun ist mein Sinn, mein Wesen streng umfangen:
Ich lebe nicht, kann ich sie nicht erlangen!

Mit diesen Worten läßt Goethe seinen Faust nach der schönen Helena fragen, die er suchen muß, nachdem der Anblick ihres Scheinbildes ihn schon so überwältigt hat, daß er wie gelähmt bewußtlos zu Boden sank. «Wen Helena paralysiert, der kommt so leicht nicht zu Verstande.» – Es geht hier nicht um irgendeine Liebesgeschichte, an der man sich erfreuen, der man psychologisch nachgehen kann. Mit Helena ist die Schönheit schlechthin gemeint, der Schönheitsglanz der Welt, wenn die Natur ihren vollen Zauber entfaltet hat.

In Rudolf Steiners Seelenkalender taucht nur zweimal das Wort «Schönheit» auf: in der Woche vor und in der nach Johanni. «An Weltenschönheit hingegeben» heißt es im 11. Wochenspruch, und der 12. Spruch lautet:

Der Welten Schönheitsglanz,
Er zwinget mich aus Seelentiefen
Des Eigenlebens Götterkräfte
Zum Weltenfluge zu entbinden;
Mich selber zu verlassen,
Vertrauend nur mich suchend
In Weltenlicht und Weltenwärme.

Es soll versucht werden, die Helena-Szenen hiermit in Beziehung zu setzen und anschließend noch andere Bilder aus einigen Märchen und Sagen zuzuziehen, um damit den Weg zu beschreiben, den die Menschenseele vom Hochsommer in den Herbst hinein gehen kann, wenn sie versucht, die Naturgebärden innerlich nachzuvollziehen.

Schon Ende Mai heißt es im Seelenkalender:

Wenn göttlich Wesen
Sich meiner Seele einen will,
Muß menschlich Denken
Im Traumessein sich still bescheiden.

Nehmen wir an, dieses göttliche Wesen sei die Weltenschönheit, sei Helena. Faust gelingt es, das Bild Helenas hervorzuzaubern. Er will sie begierdenhaft an sich ziehen, das raubt ihm das Bewußtsein. Er muß erfahren, daß er, um das Wesen, das sich hinter dem Bilde verbirgt, zu erlangen, in eine andere Welt gehen, das heißt aber eine andere Ebene des Bewußtseins betreten muß. Entweder kann er sich «im Traumessein still bescheiden», dann wird eine Verbindung stattfinden, aber nur als Traum. Oder aber er muß im Traum erwachen, sich in einem Zustand wachenden Träumens auf eine Suchwanderung begeben. Diese wird im 2. Akt des II. Teils des *Faust* dargestellt.

Fausts Seele befindet sich hier in der sommerlichen Landschaft Griechenlands. Am schilfigen Ufer des Peneios säuseln, rieseln, flüstern die Nymphen ihm zu, «Sind's Träume? Sind's Erinnerungen?» Dort, woher Träume und Erinnerungen kommen, tauchen die Bilder auf, aber dennoch:

> Ich wache ja! O laßt sie walten,
> Die unvergleichlichen Gestalten.

Und nun wird das Bild beschrieben, in dem er sich erlebt:

> Gewässer schleichen durch die Frische
> der dichten, sanft bewegten Büsche,
> nicht rauschen sie, sie rieseln kaum;
> von allen Seiten hundert Quellen
> vereinen sich im reinlich-hellen,
> zum Bade flach vertieften Raum.
> Gesunde, junge Frauenglieder,
> vom feuchten Spiegel doppelt wieder
> ergötztem Auge zugebracht!

Ein wahrhaft sommerliches Bild!

> Wundersam! auch Schwäne kommen
> aus den Buchten hergeschwommen,
> majestätisch-rein bewegt,
> ruhig schwebend, zart gesellig,
> aber stolz und selbstgefällig:
> wie sich Haupt und Schnabel regt! –

Einer der Schwäne dringt vor zu dem «heiligen Ort», zum Versteck der «hohen Königin», hinter dem Laubwerk verborgen; die anderen lenken die Mädchen ab. Wir ahnen ein geheimnisvolles Geschehen: Hier wird uns das mythologische Bild von Ledas Schwanenhochzeit mit Zeus in zartesten Strichen angedeutet. Bei dieser Hochzeit wurde die schöne Helena gezeugt. Es ist also bilderlogisch richtig, Faust in diese Umgebung zu führen, wenn ihn die Sehnsucht auf die Suche nach der schönsten aller Frauen treibt.

Es gibt ein deutsches Volksmärchen, das damit beginnt, daß ein Königssohn in ganz ähnlicher Weise wie Faust von der Schönheit paralysiert erscheint; es ist das vom *Treuen Johannes* (Grimm Nr. 6). Dieser Königssohn erblickt in einer geheimen Kammer seines väterlichen Schlosses ein Bild von so einzigartiger Schönheit, daß er ohnmächtig zu Boden sinkt. Wieder erwacht, erfährt er, daß es die «Königstochter vom goldenen Dach» darstellt. Sogleich folgt ein Geständnis, das in seiner Inständigkeit an die Worte Fausts erinnert: «Meine Liebe zu ihr ist so groß, wenn alle Blätter an den Bäumen Zungen wären, sie könnten's nicht aussagen; mein Leben setze ich dran, daß ich sie erlange.» Nur selten erheben sich Volksmärchen zu solch lyrischer Höhe. Auch hier geht es um die «Weltenschönheit».

Hinter dem bildhaft erscheinenden Schönheitsglanz der Welt verbirgt sich ein Wesen, das, wenn man es ahnend erspürt, lebensnotwendig wird. «Ich lebe nicht, kann ich sie nicht erlangen!»

Wie findet man den Weg dorthin? Faust befragt

den weisen Kentauren Chiron. Der Königssohn hat einen Diener an seiner Seite, den «treuen Johannes», der so heißt, «weil er sein Lebelang so treu gewesen ist». Dieser weiß, wo die schöne Königstochter sich befindet, nämlich jenseits des Meeres, und er findet auch Rat, wie man sie vielleicht erlangen kann: Das Gold, das Metall der Sonne, übt einen unwiderstehlichen Zauber auf sie aus. Damit kann man sie herbeilocken. Der treue Johannes begleitet den Königssohn auf der Fahrt, er führt die schöne Prinzessin zu ihm. Bei den Gefahren, die auftreten, setzt er sich ein bis zur Selbstaufopferung. «Meinen Herrn will ich retten, und sollte ich selbst darüber zugrunde gehen!»

Und was tut der Königssohn? Nichts! Seine Aufgabe ist lediglich, zu befolgen, was der treue Johannes angibt, und volles Vertrauen in ihn zu setzen. Er hat keine Ahnung von irgendwelchen Gefahren. Mit Hilfe des treuen Johannes glückt ihm alles – bis zu dem Augenblick, wo er das Vertrauen verliert und an seinem Diener zu zweifeln beginnt. Die Folgen davon hat allerdings dieser zu tragen und nicht der Königssohn selbst: der treue Diener wird in Stein verwandelt.

Der Königssohn braucht Jahre, um zu sich zu finden. Dann vollbringt er erstmals eine Handlung aus eigener freier Entscheidung. Es ist eine Opfertat. Nur durch das Blut seiner Kinder kann er den treuen Johannes erlösen und zu neuem Leben bringen. Und er ist bereit zu diesem Opfer! Es ist eine Prüfung. Die Kinder werden ihm später wiedergeschenkt. – Im Märchen bleibt kein ungelöster Rest.

Stellt man sich nun die Frage, wer dieser treue

Johannes eigentlich ist, so kann man sagen, daß er alle Eigenschaften eines Geisteslehrers im Sinne eines «Meisters» aufweist. Er versteht die Sprache der Vögel, er ist absolut selbstlos und nimmt die Verantwortung für den Weg des ihm anvertrauten Königssohns ganz auf sich. Die seelische Leistung, die dieser zu erbringen hat, ist die Pflege und Aufrechterhaltung des Vertrauens zu seinem Lehrer.

Versuchen wir nun, diese Bilderfolge als Sommerweg zu sehen. Die Seelengebärde des Sommers ist die vertrauensvolle Hingabe an das Licht, die Wärme und Schönheit der Natur. Im Sommer müssen wir uns nicht gegen die Außenwelt schützen wie im Winter. Wir lassen uns von der Sonne anstrahlen und fühlen uns eins mit ihr, «vertrauend nur uns suchend in Weltenlicht und Weltenwärme». Die Natur ist sozusagen unser «Meister». Wenn wir uns ihr anvertrauen, weist sie uns den Weg zur Geistigkeit der äußeren Welt, des Makrokosmos. Im Märchen kommt es zur Hochzeit mit der «Königstochter vom goldenen Dach». Unter dem goldenen Dach des Himmelszeltes vermählen wir uns im Sommer hingebungsvoll mit dem Schönheitsglanz der Welt.

Doch der Jahreslauf schreitet weiter. Das Wachstum kommt an ein Ende, immer mehr überwiegt das Abwelkende. Es ist die Zeit, in der die Früchte reifen. Nun soll auch die Menschenseele Frucht bringen, das heißt, sie darf nicht mehr passiv im Aufnehmen verharren, sondern muß tätig werden. Das, was ihr in so reichem Maße geschenkt worden ist, soll sie in ihren Innenraum hineinnehmen und verarbeiten.

Zu bergen Geistgeschenk im Innern,
Gebietet strenge mir mein Ahnen,
Daß reifend Gottesgaben
In Seelengründen fruchtend
Der Selbstheit Früchte bringen. (16. Spruch)

Im Johannispruch heißt es, daß der Schönheitsglanz uns «zwingt»; hier, Ende Juli, wird davon gesprochen, daß ein «strenges Gebot» zu befolgen ist. Niemals tauchen solche Worte im Winter auf. Da wird immer an die Eigenkraft der Menschenseele appelliert: da strebt sie, da schafft sie.

Der August ist ein kritischer Monat. Er bringt oft nicht nur persönliche, sondern auch weltgeschichtliche Krisen. Kriege brechen aus, meist, weil es den entscheidenden Menschen an der nötigen Wachheit fehlte. Wir möchten in dieser Zeit im Sommerschlaf verharren. Daß dies nicht möglich ist, bringt Frustrationen mit sich. Wir empfinden uns beraubt, wenn die Natur beginnt, sich zurückzuziehen. Wird uns nun einfach alles entgleiten? Wird nichts übrigbleiben? Wird es so sein, als sei nichts gewesen? Diese Fragen werden meist nicht bewußt gestellt, rumoren aber im Untergrund der Seele. – Es geht nun darum, genügend Stärke und Ruhe zu erbilden, das Empfangene zu halten und innerlich zum Klingen zu bringen. Dadurch wird die Seele von innen her verwandelt.

Kann ich die Seele weiten,
Daß sie sich selbst verbindet
Empfangnem Welten-Keimesworte?
Ich ahne, daß ich Kraft muß finden,
Die Seele würdig zu gestalten,
Zum Geistes-Kleide sich zu bilden. (18. Spruch)

Das Fruchten ist mit einer *Hüllenbildung* verbunden. So wie es die Gebärde des frühen Sommers war, sich zu öffnen für das, was uns erfüllen wollte, so folgt nun ein Abschließen, ein In-sich-Bergen. Äußeres und Inneres werden innig miteinander verwoben, so daß etwas ganz Neues entsteht, ein «Seelengewebe», ein «Geistes-Kleid».

Diese Bild-Spur kann uns zu einem anderen Märchen führen, in dem ein schleierartiges Gewand eine besondere Rolle spielt: dem Märchen von der Schwanenjungfrau. Es ist weit verbreitet, kommt in den verschiedensten Varianten vor, besonders in Süd- und Osteuropa. In der Grimmschen Sammlung ist *Der Trommler* ein solches Märchen.

Ein junger Trommler findet eines Abends, als er ganz allein dahingeht und an einen See kommt, drei Stücke Leinwand und steckt eines davon ein, nachdem er bewundert hat, wie fein es ist. Später, als er im Bett liegt, zwischen Wachen und Schlafen, hört er sich beim Namen gerufen. Ein Wesen, das er nicht sehen, nur hören kann, schwebt vor seinem Bette auf und nieder. Er erfährt, daß es eine verzauberte Königstochter ist, die ihn um den Schleier bittet, damit sie zu ihren Schwestern auf den Glasberg fliegen kann. Jeden Tag einmal darf sie zusammen mit diesen herunterkommen und im See baden. Ohne ihr Hemdchen kann sie nicht zurückfliegen. Der Trommler hat Mitleid und gibt das Hemd zurück. Er faßt aber zugleich den Entschluß, sich aufzumachen und die Königstochter zu erlösen. –

Wir können diese Szene als eine zarte Geist-Berührung ansehen, die als innerer Nachklang von etwas auftritt, was «draußen» in der Sinneswelt erlebt, aber noch nicht verstanden worden ist. Wo bleiben eigentlich all die Sinneseindrücke, die wir genießend aufnehmen? Was tun wir mit ihnen? Füllen wir uns einfach damit an, ohne uns darum zu kümmern, was weiter geschieht? Oder erkennen wir, daß in uns lauter verzauberte Naturwesen leben, die zu erlösen wir aufgerufen sind?

Diese Frage liegt uns heutzutage ziemlich fern. Früher aber muß sie viel stärker im Bewußtsein anwesend gewesen sein, sonst gäbe es nicht solche Märchen wie *Der Trommler.* Dabei ist sie dort nur sehr zart angedeutet. Andere Märchen gehen gerade bei dieser Szene viel kräftiger ins Bildhafte. Dadurch ist für uns stärker verdeckt, in welchem Zwischenbereich sich das Geschehen abspielt.

Meist beginnt es damit, daß der Held der Geschichte, sei es nun ein Hirt, ein Jäger oder ein Zarensohn, zur Sommerszeit an das Ufer eines Sees kommt. Es kann sein, daß er diesen zufällig findet und erstaunt ist, weil er ihn nie zuvor gesehen hat wie in dem deutschen Märchen *Der Jäger und die Schwanenjungfrau.*[9] Oder er verfolgt einen weißen Vogel, verirrt sich dabei im Walde und findet dort einen alten Mann, unter dessen Führung er fortan steht wie der Königssohn im *Treuen Johannes*. So ist es in dem serbischen Märchen *Der Zarensohn und das Schwanenmädchen.*[10] Hier bekommt der Zarensohn von dem Alten die Aufgabe, um den See herumzugehen, mit der Peitsche zu knallen und zu sehen, was geschieht. Am ersten Tag bemerkt er nichts, am zweiten sieht er, wie drei weiße Schwäne sich herniedersenken, ihre Schwanenhemden abwerfen und als drei wunderschöne Mädchen im See baden. Danach ziehen sie die Hemden wieder an und fliegen fort. Am dritten Tag sagt der Alte, er solle eines der Hemden an sich nehmen und damit zu ihm kommen. Das Schwanenmädchen kann ohne das Gewand nicht fort. So folgt es ihm und wird von dem Alten mit ihm vermählt.

In diesem Märchen wird deutlich, daß der Verbindung mit der Jungfrau eine Schulung der Wahrnehmungsfähigkeit vorangehen muß. Seltsam ist der Auftrag, mit der Peitsche zu knallen. Man kann es vielleicht so auffassen, daß jeder Knall ein Aufruf zur Wachheit ist. Wir haben ja beim *Trommler* bereits festgestellt, daß es sich um den Bereich zwischen Wachen und Schlafen handelt, um eine Art wachendes Träumen wie bei Faust, und es tauchen auch die gleichen Bilder auf: Schwäne, badende Mädchen. Beim Trommlermärchen wird dieser Bereich nur angedeutet, kommt nicht ins Bild. Es wird dort niemals erwähnt, daß das Mädchen Schwanengestalt annehmen kann. Es ist mehr Wert auf die Ausarbeitung des zweiten Teiles der Erzählung, den Erlösungsgang, gelegt.

Wenn die Vermählung mit der Schwanenjungfrau stattfinden soll, so ist es notwendig, ihr Gewand zu verstecken, denn wenn die junge Frau es findet, kann sie nicht anders: sie *muß* es anlegen und fortfliegen. Hier waltet ein Zwang, wie beim «Weltenflug» der menschlichen Seele (12. Wochenspruch). Das hat gar nichts damit zu tun, daß die Schwanenfrau ihrem Mann in herzlicher Liebe zugetan sein kann. Häufig ist sie selbst es, die ihn belehrt, daß er ihr das Kleid nicht wiedergeben darf. Zum Beispiel in dem bulgarischen Märchen *Eine Samodiva versorgt weder Haus noch Kind.*[11] Der junge Hirte, der sich mit der Samodiva – so heißen hier die gemeinten Wesen – verbinden will, schlägt vor, ihr Gewand ins Wasser zu werfen. Sie aber sagt, daß es ihr dann von ihren Schwestern zurückgebracht würde und sie fortfliegen müsse. Da will er es in der Erde vergraben. Ihre Antwort gibt eine interessante Charakteristik: «Wenn du sie eingräbst, muß ich sterben. Wir Samodiven lieben nicht die schwarze Erde. Uns gib das Wasser, den Wald, das Gras und den Himmel. Die Erde ist für uns das Grab, sie nährt und tränkt uns nicht.» Das Gewand wird dann, wie in den anderen Varianten des Märchens auch, in eine Truhe gelegt und diese verschlossen.

Wer sich mit einer Schwanenjungfrau vermählen will, muß ihr Gewand im «Herzensschrein» tragen und diesen verschlossen halten. «Zu bergen Geistgeschenk im Innern», heißt es im Seelenkalender. Um diese Gebärde geht es.

Immer aber ist es in den Märchen so, daß die Schwanenfrau doch eines Tages ihr Gewand wiederbekommt und davonfliegt. Man ist geneigt, dies als «menschliches Versagen» zu deuten, aber es ist wohl doch eine Art von Naturnotwendigkeit, so wie der Sommer in den Herbst übergehen muß. Es ist nämlich deutlich: alles bisherige war Sommererlebnis. Jetzt beginnt der Weg in den Herbst hinein. Das Geistwesen nimmt das Gewand, das im Besitz des Menschen gewesen ist, wieder an sich und erhebt sich damit in die Weltenweiten. Äußeres Bild dafür ist der Vogelflug.

Die Märchen haben hier eine deutliche Zäsur, und es beginnt ein in sich abgeschlossener zweiter Teil:

die Suche nach der verlorenen Schwanenfrau. Denn für den verlassenen Mann gibt es überhaupt keinen Zweifel: er muß ausziehen und sie wiederfinden.

Zuerst kommt immer eine Prüfung der Unterscheidungskraft, des Urteilsvermögens. Der Jäger im deutschen Märchen trifft vier Tiere, die ihn darum bitten, ihnen einen toten Ochsen zu zerteilen. Er teilt nun nicht abstrakt (jedem ein Viertel), sondern gibt jedem, was seinem Wesen gemäß ist: dem Löwen das Fleisch, dem Windhund die Knochen, dem Adler die Eingeweide und der Ameise den Schädel, in dem sie auch gleich wohnen kann. Er zeigt damit, daß er die Tiere kennt, und bekommt als Dankesgabe ihre speziellen Fähigkeiten übertragen: des Löwen Kraft, des Windhunds Schnelligkeit, des Adlers Flug und die Kleinheit der Ameise. Beim *Trommler* und bei dem Märchen aus dem Donauland trifft der Bursche drei Riesen, die sich um drei Zauberdinge streiten. Er soll den Streit schlichten. Wir dürfen es nicht moralisch nehmen, daß er die Riesen überlistet, so daß sie nachher die Dummen sind und er sich mit den drei Schätzen davonmacht. Es geht hier um die Prüfung seiner Denkfähigkeit, mit der er die Naturgewalten überwindet und sich ihre Kräfte aneignet. Bei dem Märchen vom Zarensohn schließlich muß er seine Unterscheidungsfähigkeit so einsetzen, daß er *sein* Schwanenmädchen aus dreihundert anderen herausfindet.

Später folgt dann stets eine Mutprobe, oft ist es der Kampf mit einem schrecklichen Drachen. Wir kennen das Bild dieses Kampfs aus anderen Zusammenhängen. Eine alte Weisheit hat das Fest Michaels, des Drachenbesiegers, in den Herbst, in die Zeit der

Tagundnachtgleiche, gestellt. Wir können uns hierdurch in der Annahme bestätigt fühlen, daß der Weg, den das Märchen von der Schwanenjungfrau beschreibt, als Weg vom Sommer in den Herbst hinein gesehen werden darf.

Das Bild des Drachenkämpfers ist ein Aufruf dazu, den Willen zu betätigen, zu kämpfen, aktiv zu sein. Die Kraft dazu kann erworben werden, indem die Seele die Sommerbilder, die Fülle der flüchtigen Sinneserscheinungen innerlich verarbeitet und dauerhaft mit sich verbindet. Dadurch erschafft sie sich selbst im Tätigsein (24. Spruch).

Wenn dies nicht gelingt, wenn nur Naturkräfte wirken, so ist die Herbstesstimmung von Wehmut durchzogen. Es ist die Stimmung, die im Schwanenjungfernmärchen am Ende des ersten Teiles herrscht: Die Schwanenfrau ist fortgezogen, man weiß nicht, wohin. Dem Zurückgebliebenen bleibt nur Schmerz und vergebliche Hoffnung.

Es gibt die Erzählung auch in dieser eingliedrigen Form, zum Beispiel in dem bereits erwähnten bulgarischen Märchen von der Samodiva. Diese kehrt zunächst nach ihrer Flucht regelmäßig heimlich zurück, um ihr Kind zu pflegen, das noch klein ist. Später, als es herangewachsen ist, kommt sie nie wieder. Ihrem Mann hat sie empfohlen, sie zu vergessen und eine andere zu heiraten. Doch «ihr Mann heiratete kein zweites Mal, weil er eine schönere Frau, als sie es war, nicht finden konnte». So endet das Märchen. Man sollte es lieber Sage nennen, denn das typische Märchen endet positiv.

Nicht nur wehmütig, sondern von grausamer Tragik erfüllt ist eine andere sehr alte Sage mit dem Schwanenmädchenmotiv. Es ist die germanische Wielandsage aus der Edda, die nur bruchstückhaft erhalten ist. Sie beginnt gleich damit.

Mädchen vom Süden
Durch den Myrkwid (Dunkelwald) flogen,
Die Schwanenjungfraun,
Schlacht zu wecken;
Zu säumen am Seestrand
Saßen sie nieder,
Des Südens Kinder,
Spannen köstliches Linnen.

Wir haben hier die typischen Motive des Seestrandes und des feinen Linnens, das hier erst von den Jungfrauen erzeugt wird. Hinzu kommt, sehr aufschlußreich, der Hinweis, daß es sich um eine Art von Walküren handelt. Sie sind da, um «Schlacht zu wecken». Die Lieblichkeit des Bildes darf uns nicht darüber hinwegtäuschen, daß es sich um Willenswesen handelt, auch in den Märchen. Sehr kurz wird die Vermählung mit den drei Brüdern angedeutet, von denen der dritte Wieland (Wölund), der Schmied, ist. Dann kommt die Trennung.

So saßen sie
Sieben Winter,
Aber den achten
Immer in Sehnsucht,
Aber im neunten
Die Not sie schied:
Die Mädchen begehrten,
Durch den Myrkwid zu fliehn,

Die Schwanenjungfraun,
Schlacht zu wecken.

Die heimkehrenden Männer finden den Saal leer. Die Brüder ziehen fort. Wölund jedoch bleibt einsam im Wolfstal und schmiedet Ringe aus dem Golde, das ihm offensichtlich von seiner Frau zugekommen ist.

So harrt er seines
Sonnigen Weibes,
Der lichten Herwör,
Daß heim sie käme.

Es folgt die bekannte Geschichte, wie der König ihn um sein Gold beneidet, ihn überfällt und ihm die Sehnen an den Knien durchschneiden läßt, damit er gebunden ist und nur noch für ihn arbeiten kann. Wieland aber rächt sich grausam an den Kindern des Königs durch Mord und Schändung, legt dann Flügel an, die er sich nachts heimlich angefertigt hat, und erhebt sich hohnlachend in die Lüfte.

Wieland ist der Mensch, der verlassen worden ist von der Naturgeistigkeit. Der König fesselt ihn an die Erde. Der Geistesflug ist ihm verwehrt. Er ersetzt ihn kraft seiner Intelligenz und Geschicklichkeit durch den technischen Flug, eine Erfindung, die aus Haß und Rachsucht geboren ist. Verdanken unsere modernen technischen Errungenschaften nicht auch ihr Entstehen vielfach den Kriegen? Das Wielandlied zeigt uns, wie die Entwicklung verlaufen muß, wenn sie im rein Natürlichen verbleibt, ohne daß ein zusätzlicher Einschlag hereinkommt. Stil und Inhalt sind archaisch.

Das Volksmärchen fügt einen zweiten Teil hinzu, der aussagt, daß das Verlorene wiedergefunden werden kann, wenn der Mensch sich selbst von innen willenshaft ergreift. Auf dem Wege nach innen kommt ihm das nach außen entschwundene Wesen hilfreich entgegen und führt ihn zu dauerhafter Vereinigung. Man kann dies den christlich-michaelischen Einschlag nennen.

Drei Stufen konnten wir auf dem Weg vom Sommer in den Herbst hinein unterscheiden. Die erste besteht darin, sich mit der Naturseele, die sich zu uns herabsenkt, zu vermählen, was nur möglich ist, wenn wir etwas, das zu ihr gehört, ihre Hülle, im Inneren verschließen (das Schwanengewand in der Truhe). Dann kommt die Zeit, wo die Verbindung nicht mehr gehalten werden kann, es löst sich etwas, zieht fort in die Weite.

Die Weltenschönheit hat aus sich selbst keinen Bestand. Auch Helena kann nicht dauerhaft bei Faust bleiben. Sie entgleitet ihm. Das letzte, was er von ihr schaut, ist ein entschwebendes Wolkenbild, schön wie eine Göttin. Auf dem Gipfel eines Berges stehend, blickt er ihr nach:

Wie Seelenschönheit steigert sich die holde Form,
Löst sich nicht auf, erhebt sich in den Äther hin
Und zieht das Beste meines Innern mit sich fort. –

(Anfang des 4. Aktes)

Der Weltengeist strebt fort, wenn es Herbst wird (24. Spruch). Der Mensch aber kann sich umwenden und aus dem Innern seiner Seele Früchte entbinden, «die Menschenselbst aus Weltenselbst im Zeitenlaufe reifen lassen» (22. Spruch). So wie die herbstlichen Früchte der Gärten reifen durch Sommerlicht und Sommerwärme, so verdichten sich die Willensfrüchte der Seele durch innere Wärme aus den Sommererlebnissen, die uns von der Natur geschenkt wurden.

Natur, dein mütterliches Sein,
Ich trage es in meinem Willenswesen;
Und meines Willens Feuermacht,
Sie stählet meines Geistes Triebe,
Daß sie gebären Selbstgefühl,
Zu tragen mich in mir.

(26. Spruch)

Die Sonne auf der Brust, den Mond auf dem Rücken

Draga Lunei, der Held vom Mond

Der Mond erglänzte auf den strömenden Wellen des Flusses, als diese einem Einsiedler in einem gut verteerten Binsenkörbchen ein kleines Kind zutrugen. Das erzählt uns ein rumänisches Märchen. Draga Lunei, Mondlieb oder Mondenfreund, wurde der Knabe von dem Alten genannt, der ihn freudig empfing und in seiner Einsamkeit aufwachsen ließ. Als der Greis nach Jahren starb, war Draga Lunei noch völlig kindlich und ahnungslos, aber er fand einen Berater, der ihn auf seinem Weg ins Leben begleitete.

Wir hören öfters in den Märchen, daß ein Jüngling auf einem klugen Pferd in die Welt hinausreitet. Draga Lunei aber hat ein besonderes Pferd, einen geflügelten «Pegasus». Von ihm lernt er als erstes, sich zu bekleiden. Bis dahin war er in paradiesischer Unschuld nackt gegangen. Dann trägt ihn das Pferd zu den Menschen.

«Sechs Flügel breitete es aus, erhob sich, und rascher als der Gedanke trug es den Knaben über Berge und Täler und wieder hinab in die Stadt. Hier liefen die Menschen wie die Ameisen dahin und dorthin, und immer beeilten sie sich, als wäre der Jäger hinter ihnen her. Draga Lunei fürchtete sich vor ihnen, aber das Pferd beschwichtigte ihn. ‹Jeder ihrer Schritte hat sein Ziel und jedes ihrer Dinge seinen Platz und seine Ordnung›, belehrte es ihn.»

Nicht ohne Humor vermittelt uns der Erzähler ein Bild menschlicher Geschäftigkeit, das heute entstanden sein könnte.

«Als Draga Lunei die Geschäfte der Menschen begriff, als sei er dabei gewesen, seit die Welt steht, packte ihn das Pferd wieder auf. Jetzt trug es ihn ins Blau des Himmels hinauf, trug ihn immer höher, trug ihn immer weiter, bis hinauf zum Palast der drei Wolkenfrauen.»

Das Paradies muß verlassen, die Welt genommen und verstanden werden, so wie sie ist, dann kann man sich auf den Weg machen, den «Himmel» wiederzugewinnen. Auch in diesem Märchen beginnt es damit, wie bei der Schwanenjungfrau, in sommerlicher Weise «des Eigenlebens Götterkräfte zum Weltenfluge zu entbinden». Hinauf geht es ins Blau des Himmels, in die durchsonnten Höhen, wo die Wolken dahinziehen.

Wolken sind Vermittler zwischen Himmel und Erde. Sie können sich tief herabsenken, die Erde verdüstern und rauschend ihre Wasser ausströmen lassen. Sie können aber auch hoch oben in herrlichen Licht- und Farbspielen erglänzen.

Wolken sind Gedanken,
die am Himmel stehn.
Keine Schrift der Erde
schrieb sie je so schön.

So beginnt ein Gedicht von Hermann Claudius. Man könnte auch sagen: Irdische Gedanken schreibt man mit Erdenschrift. Die himmlische Schrift der Wolken ist ein Ausdruck für das «Weltendenken», von dem im Seelenkalender immer wieder die Rede ist. Indem wir uns im Sommer wahrnehmend der Natur hingeben, lösen wir unser Denken von der Versponnenheit in sich selbst. Wir schauen zum sommerlichen Himmel auf und lassen uns die vom Sonnengold durchleuchteten Wolken zum Sinnbild werden für die in ewiger Verwandlung begriffene strömende Weltenintelligenz.

Im Palast der Wolkenfrauen, so heißt es in unserem Märchen, befindet sich ein Bad. Dort fließt einmal im Jahr, aber nur ein einziges Mal, statt des Wassers flüssiges Gold. Und wer dann als erster darin badet, dessen Haupthaar wird lauteres Gold. Als Draga Lunei, der aus dem monddurchglänzten Wasser Gekommene, als Diener bei den Wolkenfrauen weilte, war er der erste, der in das Bad eintauchte, als das Gold zu fließen begann. Da wurden seine Haare so golden wie die Sonne. Dann nimmt er auf Anweisung des Pferdes drei Nüsse mit sich, in denen drei Kleider sind: das erste zeigt ein Feld voller Blumen, das zweite den Himmel mit seinen Sternen, das dritte aber die Sonne auf der Brust, den Mond auf dem Rücken und Morgen- und Abendstern auf beiden Schultern. Er nimmt diese Nüsse und entflieht auf seinem Flügelpferd so schnell er kann. Die Wolkenfrauen, die den Raub entdeckt haben, verfolgen ihn, bis er die Grenze ihres Reiches überflogen hat.

«Wieder flog das Flügelroß über Berge und Täler, immer weiter, immer weiter, bis es sich niederließ im Reich des Blauen Kaisers. Hier setzte es den Knaben ab.»

Wer ist der Blaue Kaiser? In einem Märchen ist alles Bild. Man kann aber doch Stellen unterscheiden, die auch realistisch gedeutet werden könnten, von solchen, die so sehr Bild sind, daß eine solche Deutung ausgeschlossen ist. So ist es hier. Wir müssen versuchen, das Blau innerlich-seelisch zu verstehen, dann geht es vielleicht auf, was mit dem «Blauen Kaiser» gemeint sein kann.

Blau ist eine Farbe, die in den Märchen sehr selten vorkommt. Die Blautöne des Spektrums bekommen überhaupt erst in der Neuzeit eine größere Bedeutung. Für die alten Griechen war der Himmel nicht blau, sondern nur abgeschattet, dunkel. Sie lebten gegenständlich in der Sinneswelt und sahen die ganze Welt lebendig nuanciert nach dem Rötlichen, Gelblichen hin. Römische Schriftsteller haben überliefert, daß die griechischen Maler nur mit vier Farben malten: mit Schwarz, Weiß, Rot und Gelb. Wenn wir das Gelb als Gold nehmen, so haben wir die Farben, die auch in den Märchen am häufigsten vorkommen. Die Blautöne erlebten die Menschen erst differenzierter, als der Intellekt begann, eine Rolle zu spielen, als sie *nachdenklich* wurden. Die blaue Farbe erweckt in uns eine innerliche, eine hingebungsvolle Seelenstimmung. Für uns kann das meditative Hineinleben in die Bläue des Himmels ein erster Schritt sein zur Lösung der Seele von der Gebundenheit an die Sinneswelt, zum Erleben der hinter dem Sinnlichen waltenden Geisteswelt.

Rudolf Steiner geht in einem Vortrag so weit, daß er sagt, in dem Blau des Himmels können wir das Ätherische mit Augen sehen.

Der Blaue Kaiser ist kein starker Held im alten Sinne. Er ist schon nachdenklich geworden. Als er in den Krieg ziehen soll, ist er so betrübt, «daß er weinte, bis ihm fast die Augen ausflossen». Vorher schon erfuhren wir, wie er hingegeben an seine Geschäfte gar nicht bemerkt hatte, daß seine drei Töchter inzwischen ins heiratsfähige Alter gekommen waren. Man mußte ihn darauf hinweisen. Er beobachtet nicht, sondern ist zerstreut, lebt ganz in seinen Gedanken. Aber er ist ein guter, ein frommer Herrscher.

Als Draga Lunei das Reich dieses Kaisers betrat, verbarg er sein Goldhaar unter einer Rindsblase und verdingte sich als Gärtnerjunge.

Das Geschenk des Sommers muß nach innen genommen werden, damit wir stark werden und die eigenen Kräfte wachsen. Das ist die Aufgabe, die uns in der absteigenden Jahreshälfte gestellt ist. Es muß Arbeit geleistet werden, Arbeit an der Erde, damit das, was uns durch die Wahrnehmung zugeströmt ist, wirklich individueller Besitz wird. Daher verläßt Draga Lunei das Lüftereich, verschließt die ihm wie durch Gnade zugeflossenen Weisheitskräfte im Haupte und begibt sich in Erdendienste.

> Zu bergen Geistgeschenk im Innern
> gebietet strenge mir mein Ahnen ...,

so spricht der Seelenkalender in der dritten Juliwoche, und wiederum drei Wochen später:

Geheimnisvoll das Neu-Empfang'ne
Mit der Erinn'rung zu umschließen,
Sei meines Strebens weitrer Sinn:
Er soll erstarkend Eigenkräfte
In meinem Innern wecken
Und werdend mich mir selber geben.

Die spätsommerliche Gebärde des Hülle-Bildens, des Umschließens, des Verbergens, die wir bereits im Märchen von der Schwanenjungfrau fanden, ist hier im Verstecken des Goldhaars gegeben.

Bei unserem Märchen ist die Parallele zum Grimmschen *Eisenhans* nicht zu übersehen.

Nachdem es dem Kaiser klar geworden ist, daß seine Töchter gern heiraten möchten, holt er rasch das Versäumte nach und lädt Freier in sein Schloß. Bald nacheinander treffen die beiden älteren Töchter ihre Wahl und werden vermählt. Jeweils nach der Hochzeit gibt der Kaiser mit dem gesamten Hofstaat dem jungen Paar ein Stück das Geleit. Dadurch geschieht es, daß der Gärtnerbursche allein zu Hause bleibt und außer ihm, aus welchem Grund auch immer, die jüngste Kaisertochter, die ihn vom Fenster aus beobachtet. Und was er nun tut, ist schockierend, und ich habe es noch in keiner Variante des Märchens in dieser Form gefunden:

«Als Draga Lunei sah, daß auch der Gärtner fort war, zog er das Kleid mit dem Feld voller Blumen an, schwang sich aufs Roß und riß die Rindsblase herunter, so daß sein Haar auf den Rücken fiel. Im Schmuck seines Goldhaars und des Kleides mit dem Feld voller Blumen galoppierte er kreuz und quer durch den Garten, bis alle Saaten eins waren mit dem Erdreich. Als er seine Lust gesättigt hatte, stieg er ab. Er hüllte sich in die Fetzen des Gärtnergewandes, stülpte die Rindsblase über den Kopf und begann herzurichten, was er zerstört hatte. ‹Was hast du getan, du Verwegener?› schalt der Gärtner, als er heimkam.

Aber die jüngste Königstochter rief ihn zu sich und verlangte Blumen von ihm. Mühsam suchte er einige zusammen und brachte sie ihr, sie aber gab ihm eine ganze Handvoll Münzen dafür und sprach: ‹Verzeihe deinem Lehrling, denn er hat keine Schuld.› Da machte er sich an die Arbeit, und in drei Wochen war der Garten noch schöner als zuvor.»

Bei der Hochzeit der zweiten Tochter geschieht das gleiche. Diesmal trägt Draga Lunei das Gewand mit dem Himmel und seinen Sternen, und der Garten ist am Schluß so verwüstet, daß es fünf Wochen dauert, ihn wieder herzurichten. Dann aber ist er schöner als zuvor.

Natürlich muß sich so etwas dreimal ereignen, und so wird noch eine Hirschjagd eingefügt und ein Fest im Walde, an dem wieder alle Höflinge und Knechte teilnahmen. Diesmal «sprengte Draga Lunei im Schmucke seines Goldhaars und im Kleid mit der Sonne auf der Brust, dem Mond auf dem Rücken und Morgen- und Abendstern auf beiden Schultern wie ein Sturmwind durch den Garten und ruhte nicht, bis Blatt und Blume zerstampft waren.» Als der Gärtner heimkam, wollte er ihn schlagen. Wieder aber rief ihn die Prinzessin, gab ihm drei Handvoll Münzen für eine einzige Blume und sprach: «Lege nicht Hand an deinen Lehrling, denn er hat keine Schuld.» Sieben Wochen dauerte es, dann war nach fleißiger Arbeit der Garten schöner als zuvor.

Es sind rätselvolle Bilder. Warum zerstört er den Garten, wo seine Aufgabe doch gerade darin bestand, ihn zu hegen und zu pflegen? Und wie kommt die Prinzessin zu der Behauptung: «Ihn trifft keine Schuld»? Sie hat niemals mit ihm gesprochen. Was hat sie gesehen?

Sie hat gesehen, daß er ein Himmlischer ist, im Goldglanz göttlicher Erleuchtung, gehüllt in kosmische Gewänder, in ein ätherisches, ein astralisches und ein geistiges. In dieser Gestalt zerstört er die Natur. Dann zieht er wieder sein Erdenkleid an, erscheint als gewöhnlicher Mensch und richtet die Natur wieder her. Er ist ein Wesen, das in der Lage ist, die Schwelle zu einem geistigen Seinszustand zu überschreiten. Was das bedeutet, führt Rudolf Steiner in einem Vortrag in erschreckender Deutlichkeit aus:

«Derjenige, der erwartet, daß er jenseits der Schwelle etwas antreffen solle, was ähnlich ist dem, was hier in der physischen Sinneswelt ist, der erwartet ja nur eine andere physische Sinneswelt jenseits der Schwelle. Wenn dort Geist sein soll, dann kann nicht die physische Sinneswelt dort sein. Was wir dort erleben, werden solche Kräfte sein, die fortwährend die Neigung haben, die physische Sinneswelt zu zerstören. Und das erfahren wir gründlich, wenn wir bewußt die Schwelle überschreiten.»[12]

Wo Geistiges ist, muß Physisches zerstört werden. «Strafe ihn nicht, ihn trifft keine Schuld!» Es handelt sich in dem Märchen um ein Einweihungsmotiv, ein Motiv allerdings, das wir im Bilde in jedem

Herbst vorgeführt bekommen. Auch da wird die Natur zerstört. Der Herbststurm sprengt durch den Garten und scheint seine Lust daran zu haben, die Blätter von den Bäumen zu reißen und alles durcheinanderzuwirbeln. Aber ebenso, wie Zerstörung stattfinden muß, wenn Geistiges sich offenbart, so muß der in der physischen Sinneswelt verkörperte Mensch – das Goldhaar unter der Rindsblase verborgen – ständig am Aufbau der Erde arbeiten. Gerade dadurch kann der Garten «schöner werden als zuvor». Es geht nicht nur um Absterben und neues Wachstum in ständiger Wiederholung, sondern die Menschenarbeit gibt der Natur ein «Mehr», sie wird durch seine Tätigkeit durchmenschlicht.

Die Kaisertochter hat das Geheimnis erkannt, aber sie weiß, daß sie es nicht verraten darf. Es muß zur richtigen Zeit von selbst offenbar werden. Sie schweigt – aber sie wird traurig. Und sie erreicht schließlich, daß sie mit dem Gärtnerburschen vermählt wird. Der Kaiser aber schämt sich. Er verstößt das junge Paar aus seiner Umgebung, so müssen sie in einer elenden Hütte zuhinterst im Gesindehof leben und werden von allen verspottet. «So armselig ihre Hütte aber von außen erschien, so reich und prächtig hatte das Flügelpferd sie inwendig geschmückt. Nicht einmal im Palast waren die Marmorsteine so glatt und die Teppiche so weich.» Es bildet sich hier, für alle anderen unsichtbar, ein inneres Königreich.

Betrachten wir noch einmal die Stufen, die bisher durchlaufen worden sind und in denen wir den Weg der Menschenseele durch das ganze Sommerhalbjahr wiedererkennen können.

Draga Lunei war im silbrigen Mondlicht aus dem wäßrigen Element heraus zur Erde gekommen. Er hatte sein Haupt in den lichten hochsommerlichen Höhen weisheitsvoll durchgoldet und drei Seelengewänder als Samen in der Nuß empfangen. Im Herbste bekleidete er sich damit und zeigte sich als Geistesheld, aber noch nicht vor der Welt. Es fehlt noch die Bewährung nach außen hin. Ein Held muß sich im Kampf gegen Feinde erproben.

Deshalb ergibt es sich sinnvoll aus der Bilderfolge, daß der Blaue Kaiser nun in den Krieg ziehen muß. Die verschmähten Freier wollten sich rächen. Dies geschieht wiederum in dreimaliger Wiederholung. Seinem jüngsten Schwiegersohn aber erlaubte er nicht, mit in den Kampf zu ziehen. Er durfte nur auf einer elenden Schindmähre dem Heere zwei Wasserschläuche nachtragen. In kurzem blieb das Pferd im Morast stecken, und das ganze Heer zog spottend an ihm vorüber.

«Als jedoch der letzte Kriegsmann vorbei war, rief Draga Lunei sein Flügelroß, zog das Kleid mit dem Feld voller Blumen aus der Nuß und ließ sein Goldhaar über den Rücken fallen. So sprengte er auf einen Hügel und schaute auf das Gewoge der Schlacht hinab. Als er den Kaiser im Gedränge sah, stürzte er sich mitten hinein, schlug links und rechts um sich und jagte die Feinde in die Flucht. Dann sprengte er wieder zum Hügel hinauf. Der Erhabene glaubte, es sei ein Engel, der im Blau des Himmels wieder verschwinde, und er dankte Gott für seine Hilfe mit lauter Stimme.

Auf dem Heimweg begegnete er dem Wasserträger, der mühte sich immer noch ab mit der hinkenden Stallmähre. ‹Helft ihr ihm aus dem Schlamm heraus›, befahl er mitleidig seinem Gefolge.»

Noch einmal erscheint hier in dem Märchen die Farbe Blau, was sicher nicht zufällig ist. Schon auf dem Wege zu den Wolkenfrauen trug ihn das Flügelroß in das Blau des Himmels. Jetzt sieht ihn der Kaiser in dieser Imagination als Engel, der ihm zur Hilfe kommt.

Man hat den Eindruck, die Prüfung, die hier stattfindet, betrifft gar nicht so sehr den Haupthelden unserer Geschichte. Seine Siege sind eigentlich selbstverständlich. Geprüft wird der Blaue Kaiser. Dreimal erscheint ihm der unbekannte Helfer, jedesmal wenn die Not am größten ist, und er versäumt nicht, jedesmal Gott für die Hilfe zu danken.

Auch das Märchen von Draga Lunei ist ausgesprochen christlich geprägt. Daß von Gott und Engeln die Rede ist, erscheint noch mehr äußerlich, ebenso die legendenhafte Einleitung. Bedeutsamer ist das Motiv, wie der Kaiser jedesmal unmittelbar nach seiner Engel-Imagination im Kampfe das Erdenbild des armseligen Wasserträgers hat, der sich mit seiner Schindmähre abquält. Er kann die beiden Bilder, die ja unmittelbar zusammengehören, nicht zusammenbringen, aber langsam wächst in seinem Inneren die Kraft des Mitleids zu immer größerer Stärke. Bei der ersten Begegnung heißt es: «Auf dem Heimweg begegnete er dem Wasserträger, der mühte sich immer noch ab mit der hinkenden Stallmähre. ‹Helft ihr ihm aus dem Schlamm heraus›, befahl er mitleidig seinem Gefolge.»

Dann die zweite Szene: «Als er auf dem Heimweg seinem Wasserträger begegnete, der die alte Mähre nicht aus dem Morast herausbrachte, erweichte sich sein Herz. ‹Zieht sie heraus und füttert sie am Abend mit Gerste›, befahl er seinem Gefolge.»

Als er zum drittenmal den Wasserträger erblickt, heißt es: «Der Kaiser erbarmte sich seiner und sprach zu seinem Gefolge: ‹Helft den beiden heraus und schickt dem Wasserträger am Abend auch ein paar Bissen von unserem Festmahl.›»

Er ist mitleidig, sein Herz erweicht sich, er erbarmt sich, aber seine Augen können den Zusammenhang immer noch nicht erkennen. Die Folge davon ist, daß er erblindet. Und weil es der arme Wasserträger ist, der ihn schließlich von der Blindheit heilt mit der Milch der roten Wildziege, die über den Felsgrat hüpft, geht sein Mitleid noch einen Schritt weiter, und er läßt ihn mit an seiner Festtafel sitzen, wenn auch ganz zuunterst. Und so weit mußte es wohl kommen, damit Draga Lunei sich in seinem wahren Wesen offenbaren durfte und konnte. Wieder wird Bezug genommen auf die Augen, die sehen lernen müssen: «‹Deine eigenen Augen, Vater, sollen dir die Wahrheit sagen.›

Bei diesen Worten warf Draga Lunei die armseligen Gewandfetzen von sich und riß die Rindsblase ab. Im Schmucke des Goldhaars, das auf den Rücken fiel, und im Kleid mit der Sonne auf der Brust, dem Mond auf dem Rücken und Morgen- und Abendstern auf beiden Schultern stand er mitten im Saal.

Der Blaue Kaiser mußte seine Augen schützen, er fürchtete, sonst wieder zu erblinden von dem Glanz. Dann aber rief er aus: ‹Wahr und wahrhaftig, du bist der Engel, den Gott mir gesandt hat in der größten Gefahr!›»

Wem das Bild des Erzengels Michael etwas bedeutet, der kann es hier im Märchen wiedererkennen. Setzen wir dazu eine bildhafte Beschreibung von Rudolf Steiner aus seiner «Michael-Imagination»:

«Woher bekommt Michael ... seine eigentümliche Kleidung, diese Kleidung, die bald aufleuchtet im Sonnengold, bald innerlich erglänzt wie in einer innerhalb der goldenen Falten ersprießenden silberglänzenden Strahlung, woher ist dieses goldig gewobene, silbererglänzende Michael-Gewand? Es ist dasjenige, was sich da oben bildet durch das hinaufstrahlende Silber, durch das oben über das strahlende Silber hinflutende Gold, in das eigentlich durch die Kraft der Sonnenwirkung das aus der Erde ausstrahlende Silberglänzende verwandelt wird. Und wir sehen allmählich gegen den Herbst zu, was die Erde an Silber hingegeben hat an den Kosmos, als Gold zurückkommen.»[13]

Was die Lebenden für die Toten tun können

Novemberstimmung

Wenn der Herbst gekommen ist, bleibt man auf einmal wieder bewundernd bei der Wiese mit den Kirschbäumen stehen, die man monatelang nicht beachtet hat. Das unauffällig dunkelgrüne Sommerlaub beginnt nun die schönsten Farbenspiele in Gelb-Grün-Rot. Von weitem sieht man die Bäume dort stehen, aufgereiht wie kugelrunde goldgelbe Laternen. Sie haben das sommerliche Sonnenlicht aufgesaugt und sich dabei selbst in kleine Sonnen verwandelt.

Freuen wir uns an dem Anblick, er ist ebenso flüchtig wie die Frühlingsblütenpracht. Ein Tag Wind, ein Tag Regen, und schon sind die Baumkronen durchscheinend und entblößt. Doch anstelle der leuchtenden Kugel liegt nun unter jedem Baum um den Stamm herum eine goldgelbe Scheibe. Auch diese Pracht verschwindet. Mit jedem Tag wird sie matter, brauner, bis sie nicht mehr vom Erdboden zu unterscheiden ist.

Begleitet man empfindend diese Folge von Erscheinungen, so gewinnt man den Eindruck, als ob die Sonnenkugel sich vervielfältigt auf die Erde herabgesenkt hätte und schließlich in ihr versunken wäre. Will dieses Bild uns sagen, daß hier nicht nur Auflösung und Vernichtung walten, sondern daß eine geheimnisvolle Verwandlung vor sich geht? Ohne Sonne könnte es kein Pflanzliches geben, es ist sonnengeboren. Im Herbst fällt es wieder zurück auf die Erde, aus der es hervorgesproßt ist; es wird zu Humus. Aber mit der verwesenden Pflanzensubstanz wird auch die unsichtbare Bildgestalt aller Pflanzen von der Erde aufgenommen, gebunden an ein Minimum physischer Stofflichkeit, das winzige Samenkorn. Als noch nicht verwirklichte Möglichkeit ruht im winterlichen Erdboden die ganze Pflanzenwelt des nächsten Jahres.

Müßte der Mensch nicht in seinem Inneren etwas Entsprechendes vollbringen und die im Sonnenlicht empfangenen Sinneseindrücke unsichtbar in sich weiterleben lassen? Der Schatz der Erinnerungen an die Sommererlebnisse verblaßt mit der Zeit wie die Farben des Herbstlaubs. Was entspricht im Innermenschlichen den Wachstumsmöglichkeiten, die in den Samen unter der Erde ruhen? Auch hier gibt es Kräfte des Möglichen, aber noch nicht Wirklichkeit Gewordenen. Sie machen das Willenswesen des Menschen aus. Daher appelliert das Michaelsfest am Beginn des Herbstes an die Willenskraft, es möchte diese aus den dunklen Tiefen des Unterbewußten ins Licht des Bewußtseins heben. Es feiert den Impuls, in der äußeren Zerstörung des Herbstes den Aufgang innerer Kräfte zu erleben.

Wenn erst im Oktober die Wälder sich bunt färben, müssen Felder und Gärten für den Winter vorbereitet werden. Das gilt auch für die Felder und Gärten unseres Seelenlebens. Auch das Haus muß bereitet werden, damit man in ihm Schutz vor den winterlichen Unbilden der Witterung finden kann. Wir sollten jetzt, wenn wir uns nach innen wenden, das Zentrum in uns selbst finden können, denn die Außenwelt wird uns nun nicht mehr tragen und stützen. Das Überschreiten der Schwelle aus der Sinneswelt in den seelischen Innenraum kann aber nur von dem vollzogen werden, für den Übersinnliches eine Realität ist. Das ist nicht von selbst der Fall, sondern erfordert Vorbereitung. Hierauf wird in Herbstgedichten häufig hingewiesen. «Wer jetzt kein Haus hat, baut sich keines mehr», heißt es bei Rilke, oder

> Jetzt reifen schon die roten Berberitzen,
> alternde Astern atmen schwach im Beet.
> Wer jetzt nicht reich ist, da der Sommer geht,
> wird immer warten und sich nie besitzen.
>
> Wer jetzt nicht seine Augen schließen kann,
> gewiß, daß eine Fülle von Gesichten
> in ihm nur wartet, bis die Nacht begann,
> um sich in seinem Dunkel aufzurichten:
> der ist vergangen wie ein alter Mann.
>
> Dem kommt nichts mehr, dem stößt kein Tag
> [mehr zu,
> und alles lügt ihn an, was ihm geschieht;
> auch du, mein Gott. Und wie ein Stein bist du,
> welcher ihn täglich in die Tiefe zieht.

Hier wird immer noch die Möglichkeit offen gelassen, daß es auch anders sein kann. Härter und hoffnungsloser klingt es bei Nietzsche:

Die Krähen schrein
und ziehen schwirren Flugs zur Stadt;
Bald wird es schnein,
weh dem, der keine Heimat hat!

Irgendwann zu Beginn des November brechen Sturm und Regen herein. Oft sind innerhalb von wenigen Tagen die Bäume kahlgefegt. Das Sommergewand der Natur liegt zerfetzt am Boden. Es wird kalt und unwirtlich. Aber wo Sinnliches verschwindet, kann Geistiges erscheinen. Die «Fülle von Gesichten» wartet darauf, geschaut zu werden. Es ist eine alte Volkstradition, daß am Anfang des November für kurze Zeit die Tür zwischen der sinnlichen und der übersinnlichen Welt offen steht. Tote und Geister können wahrgenommen werden, in vorchristlichen Zeiten auch die «Götter».

Das alte Keltentum feierte um diese Zeit das höchste Fest des Jahres, das Samhain- oder Sowanfest. Es dauerte vom 29. Oktober bis zum 4. November, der Hauptfesttag war der 1. November. In dieser Zeit standen die «Sidhe», das heißt die Burgen des Volkes der «Tuatha de Danaans» in den Hügeln und Bergen, offen. Elementarische und göttliche Wesen mischten sich unter die Sterblichen. Man vermied es aus Furcht vor den Übersinnlichen, nachts das Haus zu verlassen. Wer aber den Mut hatte, es dennoch zu wagen, konnte die Götter schauen und Fragen an sie stellen.

Im Leben des irischen Helden Finn MacCool spielt die Samhain-Nacht eine große Rolle, denn in ihr vollbrachte er seine erste Heldentat, durch die er die Herrschaft über die Fianna, den berühmten irischen Kriegerbund, erwarb. Es geschah so:

Allyn, der Sohn des Gottes Midna, war vom Hochkönig von Irland beleidigt worden. Nun kam er alle drei Jahre in der Sowan-Nacht und brannte Tara nieder, die herrliche Burg des Königs. Noch niemandem war es gelungen, ihn daran zu hindern. Tapferkeit allein reichte dazu nicht aus. Wenn der Gott sich näherte, so erklang eine so süße und zauberhafte Musik, daß niemand widerstehen konnte und jeden der Schlaf überfiel. Diesen Augenblick nutzte er dazu, seinen Feueratem auf die Burg zu blasen. Finns Tat war es, in einer solchen Nacht zu wachen, der Verführung zu widerstehen und den Gott mit seinem Zauberspeer Birgha zu besiegen.

Die Erzähler dieser Sage wetteifern miteinander, die Schauer der Nacht und die Wirkung der Zaubermusik zu schildern. Hören wir die Nacherzählung von James Stephens:

«Finn lauschte den verhallenden Schritten, bis nichts mehr zu hören war, und der einzige Ton, der sein angespanntes Ohr traf, war der Schlag seines eigenen Herzens.

Selbst der Wind hatte sich gelegt, und nun schien es nichts mehr auf der Welt zu geben als die Finsternis und ihn selbst. In dieser gewaltigen Schwärze, in dieser unsichtbaren Stille und Leere mochte die Seele sich selbst verlieren, überwältigt sich im Raum auflösen, so daß ihr Bewußtsein zerging und entglitt und der Mensch im Stehen in Schlaf versank. Denn nichts fürchtet das Gemüt so sehr wie die Einsamkeit, und es mag lieber auf den Mond entweichen als nach innen getrieben werden. Doch Finn war nicht einsam, und er fürchtete sich nicht, als der Sohn Midnas kam.

... Finn beugte sich zu seinem Speer und streifte

die Hülle ab. Da kam aus dem Dunkel ein Ton; ein leiser, süßer Ton – so leise, daß das Ohr ihn kaum noch spürte, so süß, daß es nichts anderes mehr zu hören wünschte und ihm allein zu lauschen strebte und keinem Menschenlaute mehr: Musik einer anderen Welt, unirdische, berückende Weise der Sidh! So süß war sie, daß die Seele ihr entgegendrängte und schläfrig ihren Spuren folgen mochte und ganz in ihr versinken und nie mehr zu ihrer alten Stätte kehren, bis jene fremde Melodie verstummte und das Ohr seine Freiheit wiederfand.»[14]

Wer den Raum der Novemberwelt betritt, ohne sich ablenken zu lassen, muß von Schrecken und Schauer ergriffen werden, denn die äußere Sinneswelt zerfällt vor seinen Augen, verliert ihre Macht, versagt ihre Stütze. Wessen Geistesauge aber geöffnet ist, der kann wohl verführt und hingerissen werden vom Hereinströmen einer Geistigkeit aus dem Jenseits, das einem jeden, der nicht den Speer der wachen Ichkraft besitzt, das Bewußtsein raubt.

Für die Kelten war die Sowan-Nacht die Nacht der Offenbarungen. In dieser Nacht bewegte der Salm der Weisheit die Wasser des Brunnens der Jugend, dann floß das Wasser über in fünf Strömen, welche das Leben der Welt und der Menschen nähren und erhalten. Wem es gelang, einen Schluck von diesem Wasser zu trinken, der konnte die Sprache der Vögel verstehen und wußte alle Geheimnisse der Erde und der Reiche unter der Erde. Wer sich aber den Geistgewalten aussetzte, ohne die innere Kraft dazu zu haben, dem konnte dabei die Seele aus dem Leibe gerissen werden.

Auch die Germanen wußten um die Geheimnisse dieser Zeit. Sie hörten, wenn sie in die Herbststürme hinauslauschten, die wilde Jagd, das wütende Heer, das mit gewaltigem Tosen durch die Lüfte fuhr. Auch dies war ursprünglich ein Götterumzug. Das Wort «wütend» ist abzuleiten von «Wuotan». Es war «Wuotisheer», das Heer des Wotan und der anderen Götter.

Geistige Wahrnehmungen erfordern Seelenstärke. Dem furchtsamen Blick verzerren die Götter sich zu Gespenstern. Andererseits war Furcht naheliegend, sah man doch die «Verheerung», die solch ein Sturm zur Folge hat. So erlebte man in der bewegten Luft mehr und mehr böse Geister und die Seelen von Verstorbenen, die keine Ruhe im Jenseits finden können.

In die christliche Zeit hinein reicht die sagenhafte Vorstellung, daß am Allerseelentag, den die Kirche weisheitsvoll auf den Anfang des November gelegt hat, die Toten herumziehen und in einer Kirche, die dann um Mitternacht erleuchtet erscheint, eine Messe hören. Der Zug der toten Kinder wird angeführt von der Totenmutter, auch dies eine Funktion der «Frau Holle», von der sonst erzählt wird, daß aus ihrem Teich die Ungeborenen aufsteigen. Der im ersten Weltkrieg gefallene Walter Flex griff diesen Zusammenhang des Lebens nach dem Tode und des Lebens vor der Geburt auf in seinem *Weihnachtsmärchen des 50. Regiments,* in dem er die toten Soldaten die Hüter der ungeborenen Kinder sein läßt, die auf einem schimmernden See spielen.

Es ist ein alter schöner Brauch in katholischen Gegenden, am Allerseelentag auf den Friedhof zu gehen, Lichter auf den Gräbern anzuzünden und für die Seelen der Verstorbenen zu beten. Er muß für jeden, der eine Beziehung zu einem lieben Verstorbenen sucht, etwas Anziehendes haben. Läßt doch selbst Schelling, der protestantische Pfarrerssohn, sein *Gespräch über den Zusammenhang der Natur mit der Geisterwelt (Clara)* am Allerseelentag beginnen. Er schrieb dieses Büchlein, das ganz erstaunliche Gedanken über das Leben nach dem Tode enthält, kurze Zeit, nachdem ihm seine geliebte Frau Caroline, um die er so viele Jahre lang vergeblich geworben hatte, nach erst siebenjähriger Ehe durch den Tod entrissen worden war. Es heißt dort: «Ich gestehe Ihnen, diese Gedächtnisfeier der Verstorbenen hat auf mich tief gewirkt. Es ist mir wieder so klar geworden, wie dieses Leben, das wir jetzt leben, ein ganz einseitiges Leben ist, daß es erst vollendet wäre, wenn jenes höhere Geistige sich mit ihm verbinden könnte, wenn die, die wir Verstorbene nennen, nicht aufhörten, mit uns zu leben, sondern nur gleichsam einen andern Teil der großen Familie ausmachten ... Wir sollten alle die Feste und Gebräuche, wodurch wir an einen Zusammenhang mit der jenseitigen Welt erinnert werden, unterhalten.»

Es bedeutet viel für unser Leben, wenn wir die Überzeugung haben können, daß die Verstorbenen, die wir geliebt haben, um uns sind und unser Leben weiterhin begleiten. – Aber bedeutet unser Gedenken auch etwas für die Verstorbenen? Diese Frage liegt der Legende *Die alte Agneta* zugrunde, die Selma Lagerlöf in ihrer zu Herzen gehenden Art erzählt hat.

Die alte Agneta ist eine betagte Frau, die einsam hoch oben in den Bergen wohnt, dort, wo die Gletscher beginnen. Alle ihre Angehörigen sind tot, und sie verdient sich ihr bescheidenes Auskommen mit Spinnen. Da überkommt sie eines Tages ein großer Schmerz darüber, daß es niemanden gibt, für den sie etwas tun kann, für den ihr Leben eine Bedeutung hat. Sinnlos erscheint ihr alles.

In dieser Not werden ihr für kurze Zeit die Augen aufgetan. Sie kann in die andere Welt blicken und schaut, wie hoch oben über ihrer Hütte auf dem Gletschereis die verdammten Seelen in unsäglicher Angst und Pein in der Todeskälte umherirren. Sie hat dies schon in alten Sagen gehört, es zu schauen, trifft sie ins Innerste. Sie beginnt darüber nachzusinnen, was sie für die Toten tun kann. «Die Toten, sagte sie zu sich selbst, fragen nicht viel nach roten Wangen und nach leichten Füßen. Die verlangen bloß, daß man sich ihrer mit ein bißchen Wärme erinnere. Aber an so etwas denkt die Jugend nicht. Ja, ja; aber wie sollten sich die Dahingeschiedenen gegen die unermeßliche Kälte des Todes schützen, wenn ihnen die Alten nicht ihre Herzen aufschlössen?»

Sie beginnt nun damit, in jeder Nacht ein großes Feuer für die im Eise Verdammten zu entzünden, stellt Kerzen für sie auf und öffnet weit die Tür. Und die armen Seelen kommen schauernd heran, füllen die Stube und wärmen sich. Nachdem die alte Agneta ihre anfängliche Furcht überwunden hat, wird sie immer mehr von Ruhe und Glück durch dieses Tun erfüllt und kommt gar nicht mehr dazu, sich einsam zu fühlen.

Als sie dann selbst gestorben ist und begraben wird, erblicken die wenigen Menschen, die am Grabe stehen, wie sich oben in den Bergen die schneebedeckte Alpe in zartestes Rot hüllt, als leuchte sie vor Freude, und wie sich über ihre Mitte ein Zug von kleinen gelben Flammen schlängelt. «Dieser Lichter waren ebenso viele, wie die Tote den Verdammten Lichter gegeben hatte. Da sagten die Leute: Gott sei gepriesen! Sie, um die hier unten niemand trauert, hat dafür dort oben in der großen Einsamkeit Freunde gefunden.»

Eine alte Legende, sicher, dennoch spricht sie auch heute noch ein tiefes, inneres Bedürfnis an. – Was bedeutet die warme Stube der alten Agneta anderes, als daß sie ihr Inneres öffnet und ihre warmen, liebenden Gedanken denen zusendet, die diese ebenso benötigen wie die auf Erden Lebenden, sich uns aber nicht bemerkbar machen können? Auch uns täte es gut, gelegentlich einen Blick in die Welt der Verstorbenen tun zu können. Wie erschrickt man manchmal, wenn man bemerkt, wie sehr wir geneigt sind, sie schnell zu vergessen. Menschen, die unter uns lebten, die plötzlich durch Krankheit, durch einen Unfall, durch Selbstmord aus unserem Kreis herausgerissen wurden, es vergehen wenige Wochen, und wir haben sie vergessen, wir bemerken die Lücke nicht mehr. Hin und wieder schweift ein bedauernder Gedanke zu ihnen hin. Nicht, daß sie uns gleichgültig wären, aber die Forderungen des täglichen Lebens sind so stark, sie benötigen unsere gesamte Aufmerksamkeit, und auch in der Freizeit gibt es genug, was uns ablenkt.

Es bedarf schon eines besonderen Entschlusses, sich bestimmte Zeiten des Totengedenkens einzurichten.

In einem Vortrag, den Rudolf Steiner in einer Novemberzeit während des ersten Weltkrieges hielt,[15] sprach er darüber, wie bedeutsam für die Toten alles ist, was wir ihnen an Gedanken und Gefühlen zusenden. Er sagte: «Der Tote selber nimmt ja Abschied von diesem Sinnenleben, er betritt eine neue Sphäre. Aber er bleibt vorhanden in dem Schmerze derer, die er verlassen hat; er bleibt vorhanden in den Gedanken, die in jenen leben, bei denen, durch den Toten, Gedanken, Empfindungen, Gefühle angeregt werden durften, solange der Tote unter den Lebenden weilte. Und es war nicht nur eine schöne, nicht nur aus den tiefsten menschlichen Bedürfnissen hervorgehende Sitte, allüberall, wo das menschliche Herz nicht kalt und dürr ist, auch im allgemeinen für die Toten Feste anzusetzen, Totenfeste. Auch in unsere Zeit ragen sie herein, die Totenfeste, im Allerseelentag der Katholiken, in dem Totenfeste der evangelischen Konfession, und manches andere Totenfest ragt mehr oder weniger individuell auch in unsere Zeit herein.»

Und nun führt er etwas sehr Bedeutsames aus, indem er den Unterschied darstellt zwischen unseren gewöhnlichen Erinnerungen und den Erinnerungen an Verstorbene: «Denken Sie nur, wie unsere anderen Erinnerungen sind. Was sind sie denn? Sie sind Gedanken über etwas, was nicht mehr da ist, denn dadurch sind sie gerade Erinnerungen. Dasjenige, an das wir uns erinnern, das ist nicht da, es geschieht nicht in dem Augenblicke, in dem wir uns erinnern. Der Inhalt unserer Erinnerungsvorstellungen ist nicht da, wirkt jetzt nicht. Wenn wir uns desjenigen erinnern, was das Wesen einer Seele ist, die uns verbunden war und die durch die Pforte des Todes gegangen ist, dann haben wir den Gedanken an diesen Toten; aber er selbst, der Tote, ist da, ist in unmittelbarer Gegenwart da, ist ein reales Wesen der geistigen Welt. Da haben wir nicht bloß eine Erinnerungsvorstellung, da haben wir eine Vorstellung in der Seele, die zwar auch eine Erinnerungsvorstellung ist, der aber ein reales geistiges Wesen entspricht. In uns lebt die Vorstellung, und draußen in der geistigen Welt lebt der Tote.»

Wir erinnerten daran, mit welcher Selbstverständlichkeit die keltische und germanische Menschheit noch von der realen Anwesenheit Verstorbener und anderer geistiger Wesen wußte, während für uns dieses Bewußtsein nur durch innere Schulung neu zu erwerben ist. Der gewaltige Unterschied zwischen der früheren und der gegenwärtigen Zeit ist aber der, daß man mit den Resten des alten Hellsehens nicht umhin konnte, Gespenster zu sehen und von ihnen bedrängt zu werden. Es hatte einen durchaus negativen Aspekt, daß die Verstorbenen sich ins Dasein der Lebenden hereinschieben wollten. Man betete für sie auch aus dem Grunde, damit man in Ruhe gelassen wurde. In der heutigen Zeit ist die Situation sehr anders. Es ist in unsere Hand gelegt, in Freiheit und mit Bewußtsein durch die Pflege unserer Erinnerungsgedanken ein liebevolles Zusammenleben mit den Verstorbenen aufzubauen, das auf gegenseitiger Hilfe beruht.

Aber hier hängt nun alles von uns und unserer Initiative ab. Die Erinnerungsgedanken werden uns nicht abgenötigt. Sie könnten auch nicht da sein. Dann würde das Leben für die Verstorbenen öde und leer. Um das deutlich zu machen, greift Rudolf Steiner zu einem Bild. Er bittet, sich vorzustellen, was es für unser Erdenleben bedeutet, daß es Bilder gibt, daß es Kunst gibt. Kunst gehört nicht zu den Lebensnotwendigkeiten, sie könnte auch nicht da sein, aber wer möchte schon ein Leben leben ohne Malerei, ohne Dichtung, ohne Musik, nur ausgefüllt von Naturvorgängen? So wie für uns ein Leben ohne Kunst wäre, so wäre für die Verstorbenen ihr Dasein, wenn wir ihnen nicht die Bilder unserer bleibenden Erinnerungen entgegenhielten. «Darum kann man sagen: Wenn man auf einen Friedhof geht, am Totensonntag oder am Allerseelentag, und dort viele Menschen sieht, die in dieser Zeit erfüllt sind von dem Bilde ihrer teuren Toten, und man blickt dann hinauf in die Seelen derer, an die da erinnert wird, dann sind das die Dome, die Kunstwerke für die Toten. Dann durchleuchtet das, was ihnen da von der Erde hinaufstrahlt, für die Toten die Welt wie ein herrlicher Dom, der uns Geheimnisse kündet, uns die Welt durchleuchtet, oder wie ein Bild, das uns lieb und wert ist, einen lieben Menschen vergegenwärtigt. Öde und leer wäre für die Toten die Welt, in die sie immerdar blicken müssen, von ihrem Gesichtspunkte aus wäre öde und leer diese Welt der Erde, wenn die Toten auf sie herunterblicken und in den Seelen der hier auf Erden Lebenden nicht das zu ihnen hinaufblickte, was ja auch *nicht* sein kann und doch sein muß: die Gedanken, welche die auf der Erde Lebenden mit den geistig Lebenden, den Toten, verbinden.»

Der dunkle November, der uns von der Seite der Natur her so gar nichts zu bieten hat, kann, wenn man dies alles bedenkt und in sein Leben einbezieht, eine ganz besondere innere Schönheit erhalten. Er ist der Monat, der besonders dazu geeignet ist, unser Inneres zu einem Raum zu gestalten, von dem Licht und Wärme ausstrahlen können. Dieser Innenraum ist dann nicht nur Schutz und Behausung für uns selbst, sondern wird zum Dom, in den auch andere einkehren und wo sie Gastlichkeit finden können. Claus von der Decken brachte diese Bilder in ein Gedicht, das er *Herbsteslicht* nannte:

> Nun wölbte sich die hohe Kathedrale
> der Herbstesreife in der eignen Brust,
> die Engelstimmen riefen viele Male
> und fanden dich noch deiner unbewußt.
>
> Bewußtsein deiner selbst ist Weltenwissen,
> Begegnung aller ist im Herzensquell.
> Wenn dich die Sommersehnsucht fortgerissen,
> so geh ins Haus – die Kerzen strahlen hell.
>
> Ein großes, feierliches Geistgepränge,
> in deiner Seele ist's entzündet nun.
> Die Toten sind die Sänger der Gesänge,
> die mit den Engeln stille Taten tun.
>
> Sie wollen gern gehört sein in der Halle
> des hohen Domes deiner Innenwelt
> und leiden still und tief, wenn dir im Falle
> das Licht verlischt, das dir der Engel hält.

Das, woran wir durch unser von Liebe getragenes Totengedenken arbeiten können, hat eine große Bedeutung für die Welt, zugleich aber wirkt es, wie es schon in der Legende von der alten Agneta angedeutet ist, auf uns selbst zurück: «Daß ein Toter ein schöneres Kunstwerk – analogisch gesprochen – von der Erde hinauf sich entgegenstrahlen fühlt, das rührt her von der Tiefe der Innerlichkeit, von dem heiligen geistigen Gefühl der Erinnerung, die wir an ihn fortdauernd hegen. Die Stärke der Empfindung für die Toten greift ein in unser Seelenleben und vertieft es im Anblick der Toten selber. Dies macht unsere Seele schöner und schöner.»[16] –

Auf den November folgt die Adventszeit. Ob es nicht, wenn es uns gelänge, den Monat des Totengedenkens so recht innerlich zu feiern, auch eine Hilfe sein könnte, zu dieser Zeit einen neuen Zugang zu finden?

Macht hoch die Tür, die Tor' macht weit ...

Das Märchen vom Borstenkind

Weihnachten ist das Fest, das zugleich am leichtesten und am schwersten zu feiern ist. Am leichtesten, denn es gibt eine Fülle von Traditionen: den Lichterbaum, einen reichen Liederschatz, das gegenseitige Schenken, das Festessen, vielleicht einen Kirchgang, und wenn es der einzige im Jahr ist. Aber diese überlieferten Formen können von den wenigsten noch mit innerer Substanz erfüllt werden, und das macht das nur scheinbar Leichte so schwer – ja, nicht nur das, es führt bei manchen Menschen geradezu zu einer «Weihnachtsphobie». Sie empfinden die Äußerlichkeit und damit Verlogenheit der Sache und verfallen in Depressionen, oder aber sie flüchten in die Skiferien oder in irgendwelche sonstigen Zerstreuungen.

Weihnachten fordert wie kaum ein anderes Fest Qualitäten des Gemüts, und diese können nur in Ruhe und Besinnlichkeit gedeihen. Wer führt heutzutage ein Leben der Ruhe und Besinnlichkeit? Hektik und Übersättigung aber lassen die nötige Stimmung nicht aufkommen.

Deshalb ist gerade Weihnachten ein Fest, dessen Gestaltung in der Zukunft ganz neu gegriffen werden muß. Wie könnte man das anfangen?

Auch in dieser Jahreszeit kann das Erleben der Natur hilfreich sein. Setzen wir uns doch ruhig der Kälte, dem Regen, der Ungemütlichkeit dieser Zeit aus und flüchten nicht gleich in grell ausgeleuchtete, geheizte Räume oder Kaufhäuser, die ohnehin jede Jahreszeit vergessen machen.

Was erlebt man denn da draußen? Zu Beginn des November sieht man oft noch buntes Herbstlaub an den Bäumen, aber bald wirbeln die Blätter im Wind und bedecken raschelnd den Boden. Oder es kommen ein paar Regentage, die Bäume werden immer durchsichtiger, und ehe man es so recht bemerkt, stehen sie kahl und schwarz gegen den grauen Himmel.

> Was denke ich?
> Was fühle ich?
> Ich schaue in mich.
> O! Wie möchte ich etwas Göttliches sagen!

Das schrieb Jawlensky unter ein Bild, das er gemalt hatte. Eine solche Stimmung kann uns vielleicht innerlich öffnen für Wahrnehmungen, wie sie Johannes Rath in seinem Prosatext *Das gelbe Ahornblatt* beschrieben hat, der hier leicht verkürzt wiedergegeben werden soll:

«Was Sommer war, mag vergehen, aber auch die winterliche Welt ist nicht leer, nicht öde. Des winterlichen Baumes Geheimnis zu wissen: zart keimt dieser Gedanke und bittet um das Licht des Herzens, daß er recht gedeihe.

Tausend feine Hände lösen sich von dem grünen Leben, das sie einen Sommer lang gehalten! Gewaltig und eratmend befreien sich Kräfte, die nun, wie fallende Wasser, nach innen sinken, tiefer ins Astgefüge, tiefer in den Stamm, ins Wurzelwerk, in die Erde hinab. Irdisch wird das Wesen des Baumes, wenn die winterlichen Sterne kulminieren. Es ist, als ob die zurückflutende Lebenskraft sich staute in den Höhlen und Mulden der aufnahmefreudigen Erde. Wo aber wesenserfüllte Lebenskraft sich staut an irdischem Kraftgefüge, beginnt sie zu erwachen. Der Baum erwacht zu seinem eigenen Sein, wenn das winterliche Feld unter Schnee und Eis erstarrt. Wenn er Menschensprache spräche, so würde er uns seinen Namen sagen in den heiligen Nächten des Winters und der frostigen Stille. Aber seine Sprache ist zarter, ist feiner und geistigerer Art als Menschensprache. Wer ihr sein leiseres Ohr neigt, der vernimmt, daß er des Sommers Traum erzählt, da er in Hingegebenheit an Sonne und Mond, an Luft und Licht in seeliger Blättervielfalt atmete und träumte. Und wenn wir mit dem helleren Auge zu schauen vermögen, so leuchten uns die Zeichen der Himmel selbst entgegen, und heiter wissen wir die Kräfte des Gestaltens, die in heiligem Reigen die Welt bewegen. Weisheitsvoll ist die Sprache des Baumes. Tief umfängt ihn und uns, wie die veilchendunklen Höhlen Persephoneias, die winterliche Erde. Das Sonnenwort des hohen Sommers verwandelte sich im Zurückgleiten der Lebenskräfte in die Tiefen der Erde in ruhende Geistkraft. Es kam in die Erde, der Erde den Himmel zu offenbaren, und spricht zu den Menschen, die guten Willens sind, ihm ihr Ohr zu neigen. Das sagt uns ein keimender Gedanke, dem wir das Licht des Herzens nicht verweigerten.»[17]

Das Licht der Sommersonne zeigte uns eine Fülle von Erscheinungen in der Natur um uns herum ausgebreitet. Im Winter ziehen diese sich in die Unsichtbarkeit zurück. Nur «im Licht des Herzens» ist ihre Geistgestalt wahrnehmbar.

> Empfinden kann ich freudevoll
> des Herbstes Geisterwachen:
> Der Winter wird in mir
> den Seelensommer wecken.

So hoffnungsvoll klingt es schon Ende Oktober im Seelenkalender. Es geschieht aber nicht von selbst. Der Seelensommer in unserer inneren Landschaft ist nur dann vorhanden, wenn wir ihn uns erarbeiten, wenn wir mit dem helleren Auge zu schauen, mit dem leiseren Ohr zu lauschen vermögen.

Ein Märchen, das sehr gut in die vorweihnachtliche und die Weihnachtszeit paßt, ist das vom *Borstenkind.*[18] Es beginnt mit folgenden Worten:

«Eine Königin saß vor ihrem Palaste unter einer großen Linde und schälte sich Äpfel; ihr dreijähriger Sohn spielte um sie herum und hätte auch gerne ein Stückchen gehabt. Weil ihm aber seine Mutter nichts geben wollte, hob er die Schalen auf und aß sie. Als die Königin das sah, vergaß sie sich und rief im Ärger: ‹Ei, daß du ein Schweinchen wärest!› Siehe, da war der Königsknabe plötzlich ein Schweinchen und quiekte und lief hinaus zur Herde.»

Bewegt man dieses Einleitungsbild ein wenig in der Seele, so wird es immer deutlicher, daß es sich hier um ein Miniaturbildchen des Paradiesesmythos handelt, obwohl weder Adam und Eva noch der Apfelbaum, weder die Schlange noch Gottvater vorkommen. Man wird hellhörig bei dem verbotenen Apfelessen und der darauf folgenden Verwünschung, eine unverhältnismäßig harte Strafe für ein so kleines Kind. Aber ist es nicht beim sogenannten «Sündenfall» ebenso? Wie konnten Adam und Eva, die ja gut und böse noch nicht unterscheiden konnten, die Folgen ihrer Tat ermessen?

Sie wurden dadurch aus einem paradiesischen Seinszustand in einen Entwicklungsprozeß geworfen. War dieses ihr «Schuldigwerden» vielleicht sogar von der guten vatergöttlichen Macht beabsichtigt? Gehört es zum Menschsein dazu?

Jedenfalls wiederholt sich dieser Vorgang in der normalen Entwicklung jedes Kindes, sowie es beginnt, sich selbst mit «Ich» zu bezeichnen, also mit zwei bis drei Jahren. Wir nennen es «Trotzalter», wenn es seinen eigenen Willen der umgebenden Welt entgegenstellen will. Das kann eine schwierige Aufgabe für den Erzieher sein. Indem er Gehorsam fordert, gibt er Gelegenheit zum Ungehorsam.

Das Kind im Märchen ist auch gerade drei Jahre alt. Es ist ungehorsam, und dadurch verliert es sein Königtum und muß die umfriedete Welt der Mutter und den Hof des Königspalastes verlassen. Das Tor schließt sich hinter dem quiekenden Schweinchen, und Hof und Palast versinken in Vergessenheit.

Der 24. Dezember ist der Adam- und Evatag. Das Bild der Vertreibung aus dem Paradiese steht am Eingang der Weihnachtszeit.

Unser Märchen hebt nach dieser Einleitung ganz neu an:

«Nun lebten an dem Saume des Waldes zwei arme

Leutchen, die hatten keine Kinder, und das schmerzte sie sehr; sie saßen aber gerade vor dem Hause, als am Abend die Schweine heimkehrten. Da sprach die Frau zu ihrem Manne: ‹Wenn uns Gott doch ein Kind bescherte, und wäre es auch so rauh und borstig wie ein Schwein!› und sieh, da kam gleich aus der Herde ein junges Schweinchen herangelaufen und schmeichelte und streichelte sich an die Alten und wollte nicht von ihnen, so daß sie sahen, ihr Wunsch war erfüllt. Nun nahmen sie es zu sich in die Stube wie ihr Kind, pflegten es fein, gaben ihm zu fressen Semmeln und Milch und machten ihm auch ein weiches Bettchen. Frühmorgens, wenn man die Herde trieb und das Horn ertönte, konnte es das Schweinchen daheim nicht aushalten, und man ließ es hinaus, und es lief mit; abends kehrte es immer wieder heim, und dann liebkosten es der Mann und die Frau und es grunzte vor Freuden; aber was merkwürdig war, es konnte auch sprechen wie ein ordentlicher Mensch; es wuchs sehr langsam, und erst nach siebzehn Jahren war es endlich ein ganz großes Eberschwein.»

Die armen Leutchen wissen nichts von einem Leben jenseits des Schloßtors. Was ihnen die Sicht in eine andere Welt versperrt, ist das Dämmerdunkel des Waldes, an dessen Rande sie wohnen. Sie leben mit den Tieren und sind auch ganz zufrieden, wenn ihnen ein Schweinchen zum Kind beschert wird. Nur wir, die wir auch die Vorgeschichte gehört haben, wissen, daß das Schweinchen eigentlich ein verwünschter Königssohn ist.

Der Mann und die Frau aber lieben ihr Kind, obwohl sie dies nicht wissen, sie lieben es mit einer reinen, uneigennützigen Liebe und Zärtlichkeit, wie es nur in der Begrenztheit des Erdenlebens geübt werden kann. Natürlich bemerken sie, daß es kein ganz gewöhnliches Schwein ist, sondern ein besonderes. Das «Menschliche» an ihm ist die langsame Entwicklung. Erst nach siebzehn Jahren ist es ausgewachsen. Zählen wir die drei «paradiesischen» Kinderjahre dazu, so kommen wir auf zwanzig, das Alter der Mündigkeit.

«Da geschah es, daß eines Abends die beiden Eheleute untereinander sprachen: der König habe ausgeschrieben, er wolle seine einzige Tochter nur dem zum Weibe geben, der drei Aufgaben löse; aber noch habe kein Königssohn die Aufgaben lösen können. Da richtete sich auf einmal ihr Borstenkind pfeilgerade empor und sprach: ‹Vater, führt mich zum König und verlangt für mich seine Tochter.› Der Mann erschrak über diese Kühnheit so sehr, daß ihm der Atem eine Zeitlang stehenblieb. ‹Wo denkst du hin, mein Sohn, was würde mir der König tun, wenn ich es wagte, so ein Verlangen zu stellen!› Aber das Borstenkind ließ nicht ab und schrie und grunzte dem Manne tagtäglich in die Ohren: ‹Vater, kommt zum König, ich kann das nicht länger aushalten, kommt nur, es wird Euch nichts geschehen!› Endlich gab der Mann nach, nahm Abschied von seiner Frau und wanderte der Königsstadt zu.»

Das Borstenkind hört von der Königstochter, und schlagartig wird die Erinnerung an seine königliche Herkunft in ihm wach. Wie könnte man das, was ein Mensch mit zwanzig, einundzwanzig Jahren erlebt, besser charakterisieren als mit den Worten: «Da richtete er sich pfeilgerade in die Höhe.» Die Aufrichtekraft ist der Impuls, der aus dem Tierhaften des Menschlichen heraustreibt. Zwar lieben die alten Leute das Tierkind, das ihnen zugekommen ist. Es ist für sie auch etwas Besonderes, aber sie glauben doch nicht so ganz an seine höhere Natur. Es bedarf langer Überredung, ehe der Vater bereit ist, mit seinem Sohn zum Königshof zu gehen.

Und dort geschieht genau das, was er erwartet hatte. Als der König sieht, daß es sich bei dem Freier um ein Schwein handelt, werden beide, Vater und Sohn, in den tiefsten Kerker geworfen. Am andern Morgen soll der Mann gehängt und das Schwein erschlagen werden. Wenn in diesem Märchen der Abstieg der Menschheit ins Erdensein geschildert ist, so haben wir hier gewiß den Tiefpunkt: der Mensch in Tiergestalt im Kerker und vom Tode bedroht.

Der Vater klagt, der Sohn aber frohlockt. Und in der Tat, über Nacht besinnt sich der König. Sein anfänglicher Zorn ist verraucht. So läßt er Gerechtigkeit walten und gibt den beiden noch eine Chance.

«Wenn dein Sohn, ob er nun auch ein garstiges Tier ist, die drei Aufgaben lösen kann, so soll er meine Tochter zur Gemahlin bekommen, und ich will dich noch dazu mit reichen Geschenken entlassen; löst er sie aber nicht, so hat dein und sein Leben ein Ende.»

Die drei Aufgaben bestehen darin, in der ersten Nacht das Königsschloß mit allem, was darin ist, in Silber zu verwandeln, sodann in der zweiten Nacht sieben Meilen entfernt ein zweites Schloß aus purem Gold zu erbauen und schließlich in der dritten zwischen beiden Schlössern eine Brücke zu schlagen aus reinem Diamantkristall.

Und das Erstaunliche geschieht: Obwohl er sich in absoluter Ohnmacht im Kerker befindet, kann der Eber diese Aufgaben lösen. Man hört nur jeweils in der Nacht etwas knarren und rasseln, und am Morgen ist alles geschehen. Es ist ein Nachtgeschehnis. Muß sich hier etwas aus der Finsternis des Schlafbewußtseins herausarbeiten?

Das Bild des Brückenbaus kommt öfters in den Märchen vor. Da kann vielleicht eine vergleichende Betrachtung zum Verständnis des seltsamen Bildes verhelfen. In Goethes Märchen von der grünen Schlange und der schönen Lilie werden zwei Reiche unterschieden, die am Schluß durch eine Brücke verbunden werden. Dieser Brückenbau durch das Opfer der Schlange ist das, woraufhin die ganze Erzählung veranlagt ist. Goethe weist damit auf ein Menschheitsziel hin, die Brücke zwischen diesseits und jenseits des Flusses, zwischen sinnlicher und übersinnlicher Welt zu errichten.

Im Märchen vom Borstenkind ist dargestellt, daß dieser Brückenbau stattfinden kann, wenn aus dem dunklen Unterbewußtsein die Erinnerung an den göttlichen Ursprung des Menschen aufgetaucht ist. Damit legitimiert sich der Bräutigam, und die königliche Hochzeit kann stattfinden, auch wenn die Tiergestalt noch nicht ganz überwunden ist. Am Tage, in der Welt der Sinneserscheinungen ist sie noch vorhanden. Aber im Dunkel der Nacht enthüllt sich bereits für die liebende Frau die Königsnatur in ihrer Schönheit.

Es ist hier deutlich ein Fortschritt vorhanden gegenüber der Zeit im Elternhaus, wo der Eber nachts zwar nicht die Gestalt wechselte, aber sich doch sehr menschlich benahm, Semmeln aß, im weichen Bettchen schlief, liebkost wurde. Tags läuft er jetzt wie damals mit der Herde.

Dies muß so lange so bleiben, bis «die Zeit erfüllt ist». Diese Worte kennen wir aus der Weihnachtsgeschichte. Wie das Samenkorn eine Zeitlang im Dunkeln bleiben muß, so muß die Seele schweigsam werden und auf die rechte Zeit warten, in der das Verborgene an den Tag kommen darf.

In allen Märchen vom Tierbräutigam tritt diese Forderung auf. Keineswegs ist mit der Hochzeit auch gleich die Erlösung gegeben. Das Mysterium der Liebe muß eine Zeitlang im Schlafbewußtsein gepflegt werden. Eine sehr alte Dichtung mit diesem Motiv ist die Erzählung von Eros und Psyche aus den *Metamorphosen* des Apuleius etwa 150 nach Christus. Der Kern des Märchens könnte aber durchaus auch älter sein und seinen Ursprung in einem Mythos haben. Bei Apuleius ist es Eros, der Gott der Liebe selbst, der im Finstern, das heißt im Unbewußten, der Menschenseele Psyche beiwohnt und nun in Verdacht gerät, eine Tiergestalt zu haben, einfach deshalb, weil er nicht in Erscheinung tritt. Im Christentum ist der Gott der Liebe Christus, der sich in mystischer Hochzeit der Jungfrau Menschenseele vermählt. Man kann das Märchen auch unter diesem Aspekt betrachten.

Nach der Hochzeit mit dem Tierbräutigam verrät die Braut ihrer Mutter das Geheimnis und stimmt zu, daß diese die abgelegte Schweinehaut in der Nacht heimlich verbrennen läßt. Der erwachte Bräutigam bricht in bittere Klagen aus:

«‹Wehe, du hast nicht geschwiegen, meine Erlösung hast du vereitelt; jetzt bin ich verwünscht weit weg ans Ende der Welt, und keine sterbliche Seele kann dahin gelangen, um mich zu erretten!› Damit ging er hinaus und war auf einmal verschwunden. Nun fing aber die Königstochter an zu jammern und zu klagen, daß es einen Stein hätte erbarmen müssen, und das ganze Schloß war bald auf und ihre Mutter lief zu ihr hin und fragte: ‹Was fehlt dir denn, liebes Kind?› – ‹O Mutter, Mutter, wie habt ihr so schlecht getan; mein Liebster ist nun verwünscht ans Ende der Welt, und keine Seele kann ihn erretten!› Nichts konnte sie trösten, was man ihr immer sagen mochte.»

Wie anders klingt dies als die Worte, die sie sprach, als der Vater ihr mitteilte, sie müsse einen borstigen Eber heiraten. Damals erwiderte sie: «Ja, mein Vater, das will ich auch gerne tun, da Ihr's gelobt habt!» Trotz geheimer Ängste ließ sie willig über sich verfügen, war ganz gehorsame Tochter. Nun haben wir eine vollkommene Umkehr. Sie beginnt, zu sich selbst zu erwachen. Das Erlebnis, das sie gehabt hat, hat sie bis ins Tiefste ergriffen. Später erst erfahren wir, daß sie bereits in der Hochzeitsnacht ein Kind empfangen hat.

In Kürze hält sie es zu Hause nicht mehr aus. Während der verwünschte Bräutigam von nun an völlig handlungsunfähig ist, wird sie aktiv. Sie macht sich auf den Weg und versucht das Unmögliche, ihren Geliebten zu finden am Ende der Welt, «wo keine sterbliche Seele hingelangen kann». Einen Sack Brot nimmt sie mit, dazu sieben Kleider und sieben Paar Schuhe. Als die menschlichen

Behausungen aufhören, kommt sie zum Wind in die Welt der Elemente. Sie hat Hoffnung, daß da das Weltende sei, aber sie muß erfahren, daß sie noch weit davon entfernt ist, obwohl die Erdenwege ans Ende gekommen sind. Der Wind leiht ihr sein fliegendes Pferd, das sie zum Monde trägt. Dieser wieder gibt ihr sein Pferd für den Weg zur Sonne. Die Sonne hat Mitleid mit ihr, und sie darf in dem glänzenden Sonnenwagen auf dem Nachtweg über den Himmel fahren an allen Sternen vorbei bis hin zum Abendstern. Es ist ein erhabenes Bild, das hier vor uns entworfen wird: die Seele im Sonnenwagen auf dem Wege durch den Kosmos.

Der Abendstern wohnt am Ufer des großen Meeres, in dem die Insel vom Weltende sich befindet. Er führt sie in seinem Nachen dorthin. Hier soll der verzauberte Königssohn gerade Hochzeit feiern mit der stolzen Königstochter vom Weltende.

Die Weitgewanderte beginnt den Kampf mit der Nebenbuhlerin, die eine starke Macht des Bösen darstellt. Sie stellt sich zunächst als Bettlerin vor den Königspalast, «das aber bist du in Wahrheit, denn von der weiten Reise sind deine Schuhe und Kleider, wie ich sehe, sehr abgerissen», so hatte der Abendstern zu ihr gesagt. Ihre Erdenkleidung, sieben Kleider und sieben Paar Schuhe, hat sie verbraucht.

Aber auf dem Wege durch den Kosmos hat sie sich kosmische Kleidung erworben. Drei Nüsse bekam sie von Mond, Sonne und Abendstern, die drei kostbare Kleider enthielten, eins so silbern wie der Mond, eins so golden wie die Sonne und eins, auf dem der ganze nächtliche Sternenhimmel zu sehen war. Die falsche Braut verachtet und verjagt die zerlumpte Bettlerin, aber als diese in dem silbernen Kleid hinter dem Brautpaar her in die Kirche tritt, packt sie der Neid, und sie will die Trauung nicht vollzogen haben, ehe sie von der Fremden das Kleid erhandelt hat. Diese gibt es her für die Erlaubnis, eine Nacht im Schlafzimmer des Bräutigams verbringen zu dürfen. Der Bräutigam hat aber einen Schlaftrunk bekommen, und all ihr Weinen und Klagen hilft nichts, sie kann ihn nicht erwecken. Ebenso geht es in der zweiten Nacht, für die sie das goldene Kleid hergeben muß. In der für das Sternenkleid erhandelten dritten Nacht ist sie verzweifelt. Da kommt ihr das Mäuschen in die Hand, das sie als Abschiedsgeschenk des Windes bekommen und mittlerweile vergessen hatte. Dieses läuft flink über die Bettdecke, durchnagt die Stöpsel in den verstopften Ohren des Bräutigams, beißt ihn kräftig ins Ohrläppchen.

Da endlich erwacht der Schlafende, kommt zu sich, erkennt seine liebe Frau. Beide sind überglücklich und entfliehen miteinander. Der Abendstern bringt sie wieder über das Meer.

«Während aber die beiden Flüchtlinge in der Hütte des Abendsternes verweilten, ging gerade das Jahr zu Ende seit ihrer Hochzeit, und die junge Frau gebar einen wunderschönen Knaben, der hatte ein Antlitz silberweiß wie der Mond und Locken von Gold wie die Sonne und Augen wie der Morgen- und Abendstern. Als die Sonne am Abend anlangte, so hatte sie große Freude über das glückliche Paar und das schöne Kind; sie nahm sie willig in ihren Wagen auf und fuhr auf dem Nachtwege schnell zu ihrer Wohnung, wo sie am späten Abend anlangte; hier war schon der Mond, der Aufträge von der Sonne erwartete. Er freute sich auch, als er die Glücklichen sah. Die Sonne befahl ihm, er solle die guten Leute bis zu seiner Wohnung mitnehmen und dann dem Winde auftragen, sie bis zu den Menschenwohnungen zu begleiten. Der Mond nahm sie alsbald auf sein Roß und ritt heim. Da war auch schon der Wind und wartete auf den Mond, um Befehle zu empfangen. Der Wind freute sich auch über alle Maßen, als er die Königstochter wieder sah und ihren Gemahl und das schöne Kind, und besonders als er hörte, daß sein Mäuschen so gute Dienste getan. Der Mond sagte ihm, was er zu tun habe, und der Wind nahm die Glücklichen auf sein Roß und führte sie in einem fort, bis in die Nähe der Menschenwohnungen. Da setzte er sie nieder, nahm herzlichen Abschied und ritt heim. Sie aber wanderten jetzt zu Fuße fort und trugen ihr Kind abwechselnd auf den Armen und waren selig. Endlich gelangten sie in das Königreich, wo der Vater der Königstochter herrschte. Es ist nicht zu beschreiben, welch ein großer Jubel im ganzen Lande entstand und wie alle Wege mit Blumen bestreut und alle Tore festlich geschmückt waren, als sie einzogen! Der alte König gab bald die Krone seinem Schwiegersohne, und dieser lebte mit seiner Gemahlin noch lange glücklich und zufrieden.»

So wie das Märchen anfängt mit einer Paradiesesimagination, so ist dieses Schlußbild eine rechte Weihnachtsimagination: das himmlische Kind, der «Herr der Herrlichkeit», wie es über Sterne und über Sonnen hin zum Monde getragen wird, von dort eintaucht mit dem Wind ins Reich der Elemente und dann auf Erden einzieht, wenn wir «die Türen hoch, die Tore weit» machen.

Endlich kommt zur Erde nieder
aller Himmel sel'ges Kind.
Schaffend im Gesang weht wieder
um die Erde Lebenswind,
weht zu neuen, ewig lichten Flammen
längst verstiebte Funken hier zusammen.

Novalis

Das Märchen vom Borstenkind handelt von Sündenfall und Erlösung, von Verzauberung und Entzauberung. Auch hierfür gibt es eine Entsprechung im Seelenkalender: die beiden Sprüche für den Hochsommer und den Tiefwinter. Verzaubert sein heißt im Märchen, daß das eigentliche Wesen sich verhüllt, unkenntlich gemacht wird, so wie der Königssohn in der Tiergestalt.

Ich fühle wie verzaubert
Im Weltenschein des Geistes Weben.
Es hat in Sinnesdumpfheit
Gehüllt mein Eigenwesen,
Zu schenken mir die Kraft,
Die, ohnmächtig sich selbst zu geben,
Mein Ich in seinen Schranken ist.

Das ist die Sommersituation (15. Spruch). Auch hier wird etwas verhüllt: das Eigenwesen des Menschen. Und es folgt die erstaunliche Aussage, daß es von Sinnesdumpfheit umhüllt wird, *damit* es die Kraft findet, sich daraus zu befreien in der Ichfindung.

Warum «frohlockt» wohl das Borstenkind, als es

in den Kerker geworfen worden ist? Offensichtlich ist das Erreichen des absoluten Tiefpunkts, der vollkommenen Ohnmacht notwendig, um die Kraft zum Aufstieg zu finden.

Der Sommer veranlagt den Impuls zur Selbstfindung. In der Weihnachtszeit hingegen wird Erfüllung, was vorher Erwartung war.

Ich fühle wie entzaubert
Das Geisteskind im Seelenschoß;
Es hat in Herzenshelligkeit
Gezeugt das heil'ge Weltenwort
Der Hoffnung Himmelsfrucht,
Die jubelnd wächst in Weltenfernen
Aus meines Wesens Gottesgrund.

(38. Spruch)

Was im Märchen noch derb-kräftige Bildgestalt hatte, erscheint hier wie entgegenständlicht und enträumlicht. Und doch sind die gleichen Motive vorhanden: das Kind, der Jubel, die Himmelsfrucht in Weltenweiten, die – wie in einer Umstülpung – aus dem Gottesgrund des Seeleninneren erwächst.

Was denke ich?
Was fühle ich?
Ich schaue in mich.
O! Wie möchte ich etwas Göttliches sagen!

Verwirrend sprossend Weltenwerden

Auf dem Wege vom Winter zum Frühling

Zwölf Tage und dreizehn Nächte dauert die Weihnachtszeit, dann folgt mit dem 6. Januar das Dreikönigsfest. Am Beginn dieser Zeit, in der Heiligen Nacht, steht das Bild der anbetenden Hirten, arm, einfältig, aber voller Herzenswärme. Am Schluß feiert man das Erscheinen der heiligen Priesterkönige, deren Sternenweisheit sie erleuchtete, so daß sie den rechten Weg aus dem fernen Morgenland hin zum Kinde fanden.

Um diese Zeit bietet der Seelenkalender eine Überraschung: die Motive scheinen wie vertauscht zu sein. Zur Zeit der Hirtenweihnacht ist immer wieder vom Licht die Rede, und dies wird ganz deutlich mit dem Gedankenelement in Verbindung gebracht. Gedankenkraft, Denkermacht sind Worte, die da gebraucht werden.

Dann folgt zur Zeit des Dreikönigsfestes eine ganz andere Stimmung. Nun geht es um «des Herzens Liebewelten», um Seelenwärme und inneres Feuer. Man würde eher verstehen, wenn es umgekehrt wäre. Gehören des Herzens Liebewelten nicht zu den Hirten und die Denkermacht zu den Königen?

Dennoch hat die Bilderfolge des Seelenkalenders

eine innere Logik: In der Heiligen Nacht wird gefeiert, daß das Licht in der Finsternis erscheint, es wächst an, und schließlich wird die ganze Seele innerlich davon durchwärmt. Das Licht wird zum Feuer, die «Götterkräfte im Herzensgrund» werden zu «Werken der Menschenliebe entflammt». Das ist die Stimmung, mit der die Priesterweisen nach ihrer langen Wanderung endlich bei dem Kinde ankommen:

«Und als sie den Stern sahen, wurden sie von großer Freude ganz erfüllt. Sie traten in das Haus ein und erblickten das Kind und Maria, seine Mutter, und fielen anbetend vor ihm nieder und taten ihre Schätze auf und brachten ihm Gaben dar: Gold, Weihrauch und Myrrhen.» (Matth. 2, 10-11)

Der Gedanke der allmählichen Durchfeuerung, Durchwärmung der Seele im Januar kann hilfreich sein gegen eine Erscheinung, die gerade dann leicht auftritt, wenn man mit bestem Willen und viel Arbeit und Vorbereitung das Weihnachtsfest gestaltet hat. Man hat dann Mühe mit dem Januar, man fällt wie in ein Loch. Das ist gar nicht so verwunderlich. Von jeder Höhe muß wieder herabgestiegen werden. Mußte doch auch das Kindlein, nachdem die drei Könige es angebetet hatten, gerettet werden vor den Nachstellungen des Herodes und nach Ägyptenland fliehen. Es gibt Mächte, die «dem Geisteskind im Seelenschoß» nach dem Leben trachten. Die äußere Welt, der Alltag und was auch immer, streckt seine Klauen nach uns aus. Aber wenn Herodes, der «Fürst dieser Welt», auch mörderisch wütet, das Kindlein, um das es hier geht, ist längst in Sicherheit gebracht.

Das gibt Hoffnung. Auch wir müssen dafür sorgen, daß unser Weihnachtslicht gerettet und gepflegt wird.

Wenn wir ein Märchen für die Januarzeit suchen, so kann man zum Beispiel an *Die drei Männlein im Walde* der Brüder Grimm denken. Dort muß ein armes Mädchen bei tiefem Schnee ohne Schutz vor der Winterkälte in den Wald hinaus, um Erdbeeren zu suchen. In größter Not findet sie mitten im Wald Zuflucht im warmen Häuschen von drei «Haulemännerchen». Sie teilt mit ihnen ihr Brot. Sie ist auch bereit, vor der Hintertür den Schnee wegzukehren. So wird sie tätig «in Menschenliebe und im Menschenwerke». Und rot leuchtend unter dem weißen Schnee findet sie die gesuchten Erdbeeren. Es ist dies eine Prüfung der Herzenskräfte, die sie besteht. Deshalb wird sie nun auch von den guten Wünschen der Erdmännlein begleitet: sie wird von Tag zu Tag schöner, die Worte fallen ihr wie Goldstücke aus dem Mund, und so kann ihre Entwicklung weitergehen und hin zum Königtum führen.

In einer Welt, die scheinbar öde und tot ist, findet dieses Mädchen Leben und Wärme, ja sie findet Wesenheiten, durch die auch in der Natur die neue Entwicklung veranlagt wird: die Haulemännerchen, die Erdmännchen, die Gnomen. Sie sind es ja, die im Frühling die Pflanzenwelt wieder aus der Erde wachsen lassen. Ehe die Sinneswelt wieder äußerlich in Erscheinung tritt, kann sie innerlich gespürt, geahnt werden mit dem Herzorgan. Es ist wie ein Vortasten in einen sich neu regenden elementarischen Bereich.

Es ist in diesem Winterdunkel
Die Offenbarung eigner Kraft
Der Seele starker Trieb,
In Finsternisse sie zu lenken
Und ahnend vorzufühlen
Durch Herzenswärme, Sinnesoffenbarung.

(42. Spruch)

Zu Beginn des Februar ist in der Natur wieder ein deutlicher Sprung zu spüren. Es ist vierzig Tage nach Weihnachten, plötzlich merkt man, wie die Tage länger werden, wie etwas in Bewegung kommt. Hat man bisher noch im Rückblick auf Weihnachten gelebt, so ist das jetzt vorbei. Man schaut auf den kommenden Frühling, auch wenn noch nichts davon zu sehen ist.

Auf den 2. Februar hat die Kirche den Feiertag «Mariä Reinigung» oder «Lichtmeß» gelegt. Es ist, zusammen mit Mariä Verkündigung am 25. März und Mariä Heimsuchung am 2. Juli, eines der drei Marienfeste, die auch Luther noch bestehen ließ, weil sie aus der Bibel ableitbar sind. Im späteren Protestantismus sind sie dann verschwunden. «Lichtmeß» wurde der Tag genannt, weil es den Brauch gab, an diesem Tage die Kirchenkerzen für das ganze Jahr zu weihen, angeregt durch die Worte des alten Simeon, der, als er das Kind im Tempel erblickte, ausrief:

«Herr, nun lässest du deinen Diener in Frieden fahren, wie du gesagt hast, denn meine Augen haben deinen Heiland gesehen, welchen du bereitet hast vor allen Völkern, ein Licht, zu erleuchten die Heiden, und zum Preis deines Volkes Israel.»

Es ist erstaunlich, wie stark im Seelenkalender diese Zäsur am Anfang des Februar markiert ist:

Ergreifend neue Sinnesreize
Erfüllet Seelenklarheit,
Eingedenk vollzogner Geistgeburt,
Verwirrend sprossend Weltenwerden
Mit meines Denkens Schöpferwillen.
(44. Spruch)

Eigentlich ist diese Zeit noch recht winterlich. Draußen in der Natur ist noch wenig zu sehen, jedenfalls kein «verwirrend sprossend Weltenwerden». Da muß man schon mit dem «helleren Auge» schauen, dann spürt man, wie sich auf der anderen Seite der Natur etwas rührt und regt. Die elementarische Welt fängt an zu kribbeln und zu krabbeln. Und die Menschen werden dann etwas verrückt und feiern Fastnacht.

Die Ansichten über dieses Fest sind außerordentlich geteilt. Es gibt landschaftlich verschiedene Gebräuche, die aber alle gemeinsam haben: Verkleidung, häufig mit Tiermasken, Umzüge, Tänze, Spiele, Ausgelassenheit, Essen und Trinken.

Eindeutig ist, daß die Februarzeit etwas in sich hat, das nach solchen Ausdrücken verlangt. Fasnacht kommt von «Faselnacht», liest man im Lexikon. Es heißt so, weil die Menschen da Unsinn treiben. «Faseln» oder «fasen» ist ein altes Wort, das auch «sprießen, fruchtbar sein» bedeutet. Das ist sehr interessant: Wir haben hier wieder zugleich eine äußere und eine innere Bedeutung, eine, die sich auf die Natur, eine, die sich auf den Menschen bezieht. Wenn es draußen anfängt zu fasen, zu sprießen, so wirkt das auf den Menschen verwirrend, so daß er faselt. Es ist ziemlich sicher, daß die Fastnacht auf alte Fruchtbarkeitsriten zurückgeht und mit dem Winteraustreiben, das auch «Todaustreiben» genannt wurde, etwas zu tun hat.

Da es aber ein Fest der Tollheit, des chaotisch Ausufernden war, ist verständlich, daß das Volk die Neigung hatte, es zu übertreiben, möglichst früh zu beginnen und möglichst lang auszudehnen. Und verständlich ist es auch, daß die Kirche, wenn sie es schon nicht abschaffen konnte, es wenigstens begrenzen wollte, was sie mit der Einführung der siebenwöchigen Fastenzeit vor Ostern tat. Dadurch wurde die Fasnacht, wie es noch in der Schweiz und in Schwaben heißt, zur Fastnacht, der Nacht vor dem Fasten, die man durch ausgiebige Gelage beging.

Eine ganz besondere Nuance hat die Fasnacht im protestantischen Basel, die nicht nur eine Woche später beginnt als in den umliegenden katholischen Gegenden, sondern sich auch durch große Ernsthaftigkeit und Diszipliniertheit auszeichnet. Es dürfte schwerfallen, dabei auch nur einen einzigen Betrunkenen zu finden. Dennoch geht auch diese auf ein Austreiben des Winters (oder der Pest) zurück, und man muß sagen, daß von dieser ursprünglichen Stimmung beim nächtlichen «Morgestraich» durchaus noch etwas zu spüren ist.

Jeder wird sich an den Sitten und Bräuchen seiner Gegend beteiligen oder auch nicht. Allerdings handelt es sich heute bei solchen Volksfesten praktisch überall in Europa um eine künstliche Neubelebung von etwas, was in früheren Zeiten lebendig aus der Volksseele hervorsprudelte.

Wenn man aber zu alt oder zu jung, zu ernsthaft oder zu kindlich ist, auf einen Maskenball zu gehen oder an einer «Faselnacht» teilzunehmen, so kann man dennoch mit Ursula Burkhard das «Erdgramselfest» begehen, von dem sie in ihrem Büchlein über Elementarwesen, *Karlik*,[19] schreibt. Da kann wenigstens niemand sagen, es sei veraltet! Nicht nur das Märchen erzählt von Haulemännchen, sondern die Tätigkeit der Elementarwesen in der Natur ist in jedem Jahr aktuell. Wunderschön ist es, wie sie beschreibt, daß die Gnomen Feste feiern und daß diese für sie Kraftquellen sind, Ausdruck von Freude und Dankbarkeit.

«Eines der ersten Feste im Jahr ist das Erdgramselfest. Da ist alles Schaffen, Bewegen, sich Regen und Werden in der Erde. Das Erdgramselfest ist für viele Menschen nicht direkt erlebbar, aber doch ahnen sie etwas davon. Die Gnomen werden tätig, sie hegen und pflegen das Entstehende. Feste feiern und arbeiten gehören zusammen. Sie lieben ihre Tätigkeit und erleben Feste als Höhepunkte ihres Schaffens.»

Gedanklich klar zu bleiben, aber fröhlich bewegt zu erspüren, wie neues Leben sich im Erdenschoße rührt, das gehört zum Erleben des Vorfrühlings.

Von der Heilung der Erde

Das Märchen vom dankbaren Toten

Christ ist erstanden!
Freude dem Sterblichen,
Den die verderblichen
Schleichenden, erblichen
Mängel umwanden.

So tönt der Engelchor in Goethes *Faust*, der den an der Erkenntnis Zweifelnden, den Tod Suchenden, ins Leben zurückruft. Dann folgt der Chor der heiligen Frauen und lenkt den Blick nochmals zurück von der Botschaft des Ostermorgens zum Karsamstag, dem Tag der Grabesruhe:

Mit Spezereien
Hatten wir ihn gepflegt,
Wir seine Treuen
Hatten ihn hingelegt;
Tücher und Binden
Reinlich umwanden wir,
Ach! und wir finden
Christ nicht mehr hier.

Das Mysterium von Golgatha ist dreigliedrig, und gar zu leicht vergessen wir, was im mittleren Teil geschah zwischen der Hinrichtung am Kreuz und der Auferstehung. Es kam Josef von Arimathia, «der war ein guter und frommer Mann». Er nahm den Leichnam vom Kreuz und brachte ihn in ein nahegelegenes Grab. Es kamen die Frauen, sie salbten und pflegten ihn, der letzte irdische Liebesdienst, den man einem verstorbenen Menschen leisten kann.

Das Grab ist das Tor, das durchschritten werden muß auf dem Wege in die geistige Welt. Dieser Schritt kann nicht übersprungen werden. – An den Bestattungsbräuchen kann man das Verhältnis einer Kultur zum Übersinnlichen ablesen. Bei vielen Naturvölkern ist die Furcht vor dem Geist beziehungsweise den Geistern dominierend, bei Hochkulturen die Ehrfurcht, in der Gegenwart die Unkenntnis.

Bestattungsrituale haben in zweifacher Hinsicht Bedeutung: Einerseits geht es darum, dem Verstorbenen eine Hilfe zu geben bei den ersten Schritten in der Seelenwelt, andererseits darum, den Leib in würdiger Weise den Elementen zurückzugeben, aus denen er genommen ist. Bei den Völkern des griechischen Altertums herrschte die Vorstellung, ein unbestatteter Toter müsse hundert Jahre lang ruhelos an den Ufern des Styx umherirren. Daher war es eine Pflicht der Menschlichkeit, jedem irgendwo gefundenen Toten wenigstens durch das Aufwerfen von drei Handvoll Erde zur Ruhe zu verhelfen. Im Drama von Sophokles gibt Antigone ihr Leben dahin, um dies für ihren Bruder zu tun.

Ein sehr altes Märchen handelt von einem Toten, der sich dankbar dafür erweist, daß einer seinen Leichnam, der verachtet, bespien oder sonst irgendwie entehrt wird, loskauft und bestatten läßt. Es gibt dieses Märchen in fast ganz Europa: in Norwegen, Dänemark, Rußland, in Deutschland, der Schweiz und Italien. Recht bekannt ist die von Hans Christian Andersen nacherzählte Version *Der Reisekamerad.* Der Stil ist hier aber der eines Kunstmärchens: verweilend und ausschmückend, romantisierend und moralisierend. Die norwegische Fassung heißt *Gefährten* und beginnt so:

«Es war einmal ein Bauernjunge, der träumte, er würde eine Königstochter bekommen in einem fernen Lande. Sie war so weiß und rot wie Milch und Blut und so reich, daß ihr Reichtum nie zu Ende gehen konnte. Als er erwachte, erschien es ihm, als stünde sie noch licht und leibhaftig vor ihm. So lieblich und fein dünkte sie ihn, daß er nicht mehr leben wollte, ohne sie zu bekommen. Er verkaufte alles, was er besaß, und zog in die Welt hinaus, um sie zu suchen.

Er ging lange und länger als lang, und im Winter kam er in ein Land, da gingen alle Landstraßen gradaus, und keine machte einen Bogen. Als er ein viertel Jahr so gewandert war, kam er zu einer Stadt. Vor der Kirchentür lag ein großer Eisklumpen mit einer Leiche darin, und alle Kirchgänger, die da vorbeigingen, spuckten darauf. Der Bauernjunge wunderte sich darüber, und als der Pfarrer aus der Kirche kam, fragte er ihn, was das zu bedeuten hätte.

‹Das ist ein großer Missetäter›, sagte der Pfarrer, ‹er ist verdammt wegen seiner gottlosen Schuld und dort zu Spott und Hohn aufgestellt.›

‹Was hat er denn verbrochen›, fragte der Junge.

‹Hier im Leben war er Weinzapfer›, sagte der Pfarrer, ‹und er mischte Wein mit Wasser.›

Das schien dem Jungen keine so schreckliche Tat zu sein, und da er mit dem Leben bezahlt hatte, hätten sie ihn doch ruhig in christlicher Erde begraben können, daß er nach dem Tode Frieden fände.

‹Nein›, sagte der Pfarrer, ‹das geht nicht so ohne weiteres, denn da müßte jemand ihn erst einmal aus dem Eis heraustauen, dann müßte Geld da sein, um Christenerde bei der Kirche zu kaufen, der Totengräber müßte bezahlt werden für das Grab, der Glöckner müßte bezahlt werden für das Läuten und Singen und der Pfarrer für das Erdeaufwerfen. Glaubst du, da findet sich jemand, der das alles bezahlen will für einen verdammten Sünder?› fragte er.

Ja, sagte der Junge, wenn er nur erreichen könne, daß der Sünder in die Erde käme, würde er außerdem noch Bier für den Leichenschmaus bezahlen von dem wenigen, was er hatte. Der Pfarrer wollte zuerst nicht, aber als er sah, daß der Junge wiederkam mit zwei Mann, die seine Weigerung hören sollten, antwortete er, nun könne er es ihm nicht mehr abschlagen. Und so wurde der Weinzapfer aus dem Eisklumpen getaut und in christliche Erde gelegt, es wurde dazu geläutet und gesungen, und der Pfarrer warf Erde auf ihn, sie tranken Bier und weinten und lachten miteinander.

Aber als der Junge auch das Bier bezahlt hatte, fand sich nicht mehr viel Geld in seiner Tasche.»

Als er seinen Weg fortsetzte, gesellte sich ein Mann zu ihm, der ihn von nun an als treuer Gefährte und Diener begleitete. Dieser war fähig, die Ränke der

Königstochter zu durchschauen, die er gewinnen wollte, und ihm dabei zu helfen. Auf dem Wege erwarben sie von drei alten Trollweibern drei Wunderdinge: das Dreischwesternschwert, ein Goldknäuel und den Dreischwesternhut, mit dem man sich unsichtbar machen kann. Von den Trollweibern verfolgt, galt es, einen Sund zu überqueren. Dies gelang, indem sie mit Hilfe des Goldknäuels eine Brücke bauten und hinter sich den Faden schnell wieder aufwickelten, so daß die Trollweiber im Wasser ersaufen mußten.

Schließlich kamen sie zu der Königstochter. Es war aber eine Rätselprinzessin, und sie hatte schon viele Freier zu Tode gebracht, die an drei aufeinanderfolgenden Tagen nicht raten konnten, was sie um die Mittagszeit dachte. Sie hatte einen Troll zum Liebsten. Diesen besuchte sie immer nachts, auf einem Bock reitend, und besprach mit ihm, an was sie denken wollte. Der Gefährte verfolgte sie heimlich, teilte seinem Herrn die Lösung mit und schlug zum Schluß dem Troll den Kopf ab. Aber die Königstochter bedurfte noch einer Reinigung, und diese mußte der Jüngling selbst in der Hochzeitsnacht vollziehen. Er mußte sie mit Birkenruten peitschen, mit vorjähriger Molke abschrubben, mit Sauermilch abreiben und mit süßer Milch nachspülen. Dann erst konnte er sich mit ihr vermählen.

In einer russischen Fassung ist die Prinzessin voller Schlangen und Würmer, muß entzweigeschnitten und wieder zusammengesetzt werden.

Die innere Unreinheit, die Besessenheit durch einen Dämon, der durch das menschliche Medium Unheil stiftet, läßt uns an schwarzmagische Praktiken denken und kann ein Zeichen für das Alter des Märchens sein. Vollends taucht der Gedanke an Rituale des Bösen auf, wenn wir in einem Harzmärchen mitgeteilt bekommen, wie sich in dem Saal des Berggeistes, der mit der Königstochter verbunden ist, ein Altar befindet. In der zweiten Nacht war der Raum von einem Mond erhellt und auf dem Altar lag ein Stachelfisch, in der dritten befand sich neben dem Stachelfisch ein Feuerrad und statt des Mondes erleuchtete eine Sonne den Saal.

Lesen wir im norwegischen Märchen, wie es weitergeht, nachdem die Königstochter gereinigt und dadurch so schön geworden war, wie der Bursche sie geträumt hatte. Und selbstverständlich war sie nicht nur schön, sondern – wir sind im Märchen – auch gut und freundlich geworden.

«Am nächsten Tage sagte der Gefährte, daß sie nun abreisen müßten. Der Jüngling war reisefertig und die Königstochter auch, denn die Mitgift war seit langer Zeit schon bereit. In der Nacht holte der Gefährte all das Silber und Gold und die Kostbarkeiten, welche beim Troll im Berg waren, nach dem Königshof. Und als sie am Morgen reisen sollten, war es überall so voll im Hof, daß sie kaum vorankamen. Die Mitgift war mehr wert als des Königs Land und Reich, und sie wußten gar nicht, auf welche Weise sie es mitnehmen sollten. Aber der Gefährte wußte Rat: In der Trollhöhle waren immer noch sechs Böcke, die durch die Luft fliegen konnten. Er belud sie so tüchtig mit Gold und Silber, daß sie auf der Erde gehen mußten und sich nicht mehr in die Lüfte erheben konnten mit dieser Last. All das, was die Böcke nicht tragen konnten, mußte im Königshof bleiben.

So reisten sie lang und länger als lang, und zum Schluß waren die Böcke so müde und erschöpft, daß sie nicht mehr länger gehen konnten. Der Jüngling und die Königstochter wußten keinen Rat. Aber der Gefährte nahm die ganze Mitgift auf den Nacken, legte die Böcke obendrauf und trug alles so weit vorwärts, daß die Heimat des Jünglings nur noch eine halbe Meile weit entfernt lag. Dann sagte er: ‹Nun muß ich von dir scheiden, ich kann nicht länger bei dir bleiben.› Doch der Jüngling wollte sich um alles in der Welt nicht von ihm trennen. So ging der Gefährte eine halbe Meile mit, aber weiter könne er ihm nicht folgen.»

Daß die Prinzessin reich war, gehört in die Bildaussage des Märchens, das Ausmaß dieses Reichtums aber und die stark auf die Spitze getriebene Art der Beschreibung ist norwegisches Landeskolorit, zusammen mit den Trollen. Es läßt an Peer Gynt denken, den liebenswerten Angeber und Übertreiber.

Am Schluß des Märchens ist der Jüngling bereit, seinen ganzen Gewinn mit dem hilfreichen Gefährten zu teilen, sogar das Kind, das ihm inzwischen geboren worden ist. Dieses Motiv erinnert an den *Treuen Johannes*, mit dem das Märchen verwandt ist.

Der Gefährte weiß die Teilung des Kindes zu verhindern und enthüllt nun erst, daß er der Tote ist, der seine Dankbarkeit zeigen wollte, der aber keine irdischen Güter mehr benötigt.

Dieses Märchen ist deutlich in zwei Teile gegliedert, die zueinander gehören wie Farbe und Gegenfarbe:

Zum einen der Loskauf und die Bestattung des mißhandelten Toten und damit völlige Verarmung und zum andern die Erlösung der von einem Dämon besessenen Königstochter und reicher Gewinn.

Die zwei Teile sind zugleich zwei Welten, die scharf voneinander getrennt sind, im norwegischen Märchen durch den Sund, der überquert werden muß.

Bilder sind vielschichtig. Indem sie in der Seele bewegt werden, können sie durch leichte Akzentverschiebung eine Metamorphose durchmachen und ohne Gewaltsamkeit für neue Wahrheiten durchscheinend werden. Wenn die Grundstimmung der Seele eine religiöse ist, können die Bilder eines Märchens anders gelesen werden als ohne diese Stimmung.

So etwas können wir beobachten, wenn wir das eben betrachtete Märchen mit der apokryphen Tobiaslegende vergleichen. Sie ist etwa 150 vor Christus entstanden, während die Bilder des Märchens offensichtlich älter sind. Hier finden wir das Motiv der Totenbestattung beim Vater des jungen Tobias, dem alten Tobit. Dieser, ein frommer und gottesfürchtiger Jude, lebte mit seinem ganzen Volke in assyrischer Gefangenschaft und pflegte die Mißhandelten und Erschlagenen unter seinen Stammesgenossen unter Lebensgefahr sorglich zu bestatten. Da traf ihn das Unglück, daß er erblindete.

Nun sandte er seinen Sohn aus, um eine Schuld einzuziehen. Diesem gesellte sich ein Reisegefährte zu, um ihn zu beraten und ihm zu helfen. Es war dies nicht einer der bestatteten Toten, sondern der Erzengel Raphael. Aber dies wird erst am Schluß der Geschichte offenbar. Es zeigt sich, daß das Schicksalsziel dieser Wanderung eigentlich die Braut ist, um deren Hand Tobias auf Anweisung seines Begleiters anhält, obwohl sie von einem bösen Geist besessen ist, der schon sieben Männer, die sich ihr verbinden wollten, getötet hatte. Tobias kann sie mit Hilfe seines Gefährten von dem Dämon befreien und durch gemeinsames Gebet in der Brautnacht reinigen.

Soweit sind die Bilder trotz des ganz anderen Erzählstils sehr ähnlich. Hier ist es aber so, daß die Erlösung nicht durch drei alten Hexen abgelistete Zaubermittel bewirkt wird, sondern durch die Organe eines Fisches, den Tobias auf der Wanderung am Ufer des Flusses Tigris fängt. Man kann auch sagen, daß der Fisch sich ihm gibt, denn er ist so groß, daß Tobias fürchtet, von ihm gefressen zu werden. Der Akzent der ganzen Erzählung liegt deutlich nicht am Anfang oder Ende, sondern auf diesem mittleren Bild des Fischfangs. Man hat dieses Bild offensichtlich immer als besonders wichtig empfunden, denn es gibt viele Gemälde, die den jungen Tobias am Wasser zeigen mit dem Fisch in der Hand, wie er fragend zu dem Engel hinter ihm aufblickt. Hier gewinnt Tobias Herz, Galle und Leber des Fisches, die Heilmittel, mit denen er seine besessene Braut und später den erblindeten Vater heilen wird.

Der Fisch ist ein urchristliches Symbol für den Christus. Dieses Bild des lebenspendenden Wassers mit dem großen Fisch, der sich zur Nahrung und Heilung hingibt, ist ein prophetisches Bild. Der

Engel Gottes weist den Tobias an, wie die Organe dieses Fisches zur Heilung der Seele und der Sinne verwendet werden können.

Raphael gibt sich erst ganz am Schluß zu erkennen, als Tobias wieder bei seinen Eltern ist, und da wird auch die Beziehung zu den Totenbestattungen deutlich. Der Engel spricht zu dem alten Tobit: «Da du so heiß weintest und betetest, standest von der Mahlzeit auf und begrubst die Toten, hieltest die Leichen heimlich in deinem Hause und begrubst sie bei der Nacht, da brachte ich dein Gebet vor den Herrn ... Ich bin Raphael, einer von den sieben Engeln, die wir vor dem Herrn stehen.»

Es geht hier nicht um einen einzelnen Toten, sondern darum, die Toten überhaupt der Erde zu übergeben. Daß einer dies tut, wird von dem Engel der Heilkraft gesehen und gewürdigt. Denn es handelt sich um eine heilende Handlung: die Erde als Organismus braucht die abgelegten Menschenleiber wie eine Arznei.

Dies gilt insbesondere für die Jetztzeit – für die vorchristliche Zeit war es berechtigt, ganz besonders die Wichtigkeit der Bestattung für die einzelne Seele zu betonen. Die Menschen sind heute in ganz anderer Art mit ihrem physischen Leibe verbunden als früher. Dazu sagte Rudolf Steiner in einem Vortrag 1919:

«Was der Mensch an sich trägt als seinen physischen Leib, ist während der Zeit seines Daseins zwischen Geburt und Tod durchwoben von dem Seelischen. Jetzt, da wir in diese Epoche eingetreten, ist es sogar in besonderer Art von dem Seelischen durchwoben: das Ich und der astralische Leib tauchen vollständig in den physischen Leib unter.

... Und wir übergeben der Erde unseren Leichnam in einer Form, in einer Beschaffenheit, die er nur dadurch hat bekommen können, daß er durchlebt war von der Geburt bis zum Tode von jenem Wesen, das vor der Geburt beziehungsweise vor der Empfängnis in der geistigen Welt als Seelengeist des Menschen gelebt hat. Und es wäre die Erde in ihrer heutigen Entwickelung so, daß sie längst dabei wäre zu zerfallen, zu veröden, wen sie nicht als ein Ferment, gleichgültig ob durch Beerdigung oder durch Feuer, das aufnehmen würde, was die von den Seelen allerdings verlassenen, aber bis zum Tode durchlebten Menschenleiber sind. Wenn man früher Brot gebacken hat – früher hat man es so gemacht, heute wird es ein bißchen verkünstelt –, so hat man von dem alten Brotteig etwas aufbewahrt, das man als Hefe beim nächsten Brotbacken hat zusetzen müssen; das gehörte dazu. In ähnlicher Weise würde die Erde sich nicht entwickeln können, ohne daß die menschlichen Leiber – nicht die Tierleiber – gewissermaßen als Ferment zugesetzt würden. Die machen es, daß die Erde, die längst dabei angelangt wäre, zu zerstäuben, dasjenige in ihrer Entwickelung bis zum Ende tragen wird, was in ihr ist. Der Mensch hat Anteil und hat besonders jetzt Anteil an der ganzen Erdenentwickelung. Und noch dasjenige, was wir mit unserem Tode der Erdenentwickelung übergeben, hat für sie eine Bedeutung.»[20]

Seit der «Zeitenwende» ist der Erdorganismus in einer absteigenden Entwicklung begriffen. Sie benötigt Heilsubstanzen, um ihr Entwicklungsziel zu erreichen. Diese bekommt sie seit dem Karsamstag, als der Leib des Christus ins Grab gebettet wurde, durch die Leichname der verstorbenen Menschen.

Das alte Märchen vom dankbaren Toten erhält durch die Metamorphose zur Tobias-Legende einen ganz neuen, zukunftweisenden Sinn.

Zerstückelt – verspeist – neu geboren

Von dem Machandelboom

Daß die Menschen nicht immer so gefühlt und gedacht, noch nicht einmal so wahrgenommen haben wie heute, ist schwer vorzustellen, auch wenn man theoretisch davon überzeugt ist. Das naturgegebene Hellsehen der Vorzeit, das in traumhaften Bildern aus dem Menscheninneren aufstieg, muß mit gewaltigen, tief die Seele erschütternden Erlebnissen verbunden gewesen sein, von denen man sich nicht distanzieren konnte, von denen man überrollt wurde.

«Der Seherin Gesicht» sind die Verse überschrieben, in denen in der altgermanischen Edda der Ursprung der Erde aus dem Leibe des Riesen Ymir geschildert wird:

Während dieser schlief und im Schlafe schwitzte, entsprossen seinem Leibe Riesenwesen, seine Füße zeugten miteinander ein wüstes Geschlecht. Er wurde getötet. Die meisten der Riesen ertranken in seinem Blute. Aus seinem Leibe wurde die Erde geschaffen, aus dem Blut wurden Bäche, Ströme, Meere. Das Fleisch wurde zum Erdboden, Zähne und Knochen zu Steinen, und über das Ganze wölbte sich der Schädel als Himmelskuppel.

Auch im Griechentum gab es ähnliche Vorstellungen vom Erdenanfang. Titanisch-elementarische Mächte lagen im Kampf miteinander. Der große Kronos, mit dem die Zeit anfing, verschlang alle seine Kinder bald nach der Geburt. Nur durch eine List wurde sein Sohn Zeus vor diesem Schicksal bewahrt. Er stürzte seinen Vater.

Zur Göttergeneration des Zeus gehörte Demeter, die Göttin der Fruchtbarkeit. Erst unter ihrer Herrschaft darf man sich die Vorstellung einer zur Ruhe gekommenen Erde und einer sprießenden und sprossenden Pflanzenwelt bilden. Demeter ist sowohl die Urmutter der fruchtenden Naturkräfte als auch der menschlichen Seele. In ihr ist dieses beides ununterscheidbar eins, das heißt, alle Seelenregungen des Menschen waren einmal instinktiv, naturgegeben.

Dann aber gebar sie eine Tochter: Persephone, die Jungfrau. Sie ist das Urbild der mit einem naturhaften hellseherischen Bewußtsein begabten Seele, eine Tochter der Natur, aber nicht mehr mit ihr identisch.

Der Mythos von Persephone ist bekannt. Sie wurde von Hades, dem Gott der Unterwelt, geraubt, der sich mit ihr vermählte. Seither ist sie Königin der Unterwelt. Die beraubte Mutter Demeter konnte dieses Schicksal nicht rückgängig machen, wohl aber mildern. Seither weilt Persephone in der einen Jahreshälfte auf der Oberwelt bei ihrer Mutter. Dann verbindet sich die Seele mit der sprießenden, sprossenden, fruchtenden Natur. Aber dann muß die Göttin wieder zu ihrem Gemahl in die Unterwelt, und es wird Winter, die Todeskräfte bekommen die Oberhand. Das ist eine schöne Bildvorstellung über die Entstehung der Jahreszeiten.

So wie aber Demeter sowohl Mutter der Natur als auch Mutter der Menschenseele ist, so ist auch Hades nicht nur der Gott der Toten und der unsichtbaren Tiefen der Erde, sondern auch der unterbewußten Seelengründe. Je dichter das Leibesgefüge des Menschen wurde, desto schärfer wurde die Trennung von Bewußtem und Unbewußtem. Steiner sieht in dem Raub der Persephone auch ein Bild dafür, wie das alte hellseherische Vermögen des Menschen hinuntergezogen wurde in das Reich des Unbewußten, von den Kräften des immer dichter werdenden physischen Leibes überdeckt und überwältigt. Dort aber wandelte es sich in die Kraft, die an der Ausbildung und Formung des Ich arbeitet, die das Ich immer fester und fester macht. Es war nötig, daß der Mensch eine Zeitlang ganz abgeschnitten wurde von der Möglichkeit, unmittelbare Einblicke in die übersinnliche Welt zu haben, damit in seinem Inneren das Ich geboren werden konnte.

So gehört es zu den orphischen Überlieferungen, daß Persephone, die Jungfrau, einen Sohn geboren hat. Vater ist aber nicht Hades, der unfruchtbar ist wie der Tod, sondern der Göttervater Zeus. Der Sohn ist Dionysos, den wir daher als einen Gott der Ichhaftigkeit ansehen können, was sich auch zeigt in dem, was weiter von ihm erzählt wird.

Obwohl wir nun schon bei jüngeren Göttergeschlechtern sind, sind die Bilder, die überliefert sind, für uns immer noch archaisch und schockierend. – Der Dionysos-Knabe wird auf Anstiften der Hera, der eifersüchtigen Gemahlin des Zeus, von den Titanen überfallen und zerrissen, genauer gesagt, in sieben Stücke geschnitten, gekocht und am Spieß gebraten.

Eine spätere Überlieferung berichtet, daß Pallas Athene bei diesem Mahl zugegen war, das Herz des Knaben rettete und dem Vater Zeus brachte. Dieser hat es entweder selbst zu sich genommen oder aber einen Liebestrank daraus bereitet, den er seiner irdischen Geliebten, Semele, zu trinken gab. Dadurch wurde das Mädchen schwanger.

Semele, von ihrer Amme angestiftet, bat ihren Liebsten, ihr einen Wunsch zu erfüllen. Auf sein Versprechen hin wünschte sie, ihn in seiner wahren Gestalt zu sehen. Der unverhüllte Anblick des Göttlichen ist tödlich: Semele wurde vom Blitz erschlagen. Zeus aber rettete die noch unreife Leibesfrucht und barg sie bis zur Geburt in seinem Schenkel. Das ist die Herkunft des sogenannten jüngeren Dionysos.

All dies sind Bilder, die inneren Erlebnissen entsprechen und gelesen werden wollen. Auf welches Erlebnis könnte wohl die Zerstückelung des Knaben hindeuten?

Wenn der Mensch aus dem Gruppenbewußtsein heraustritt und als Einzel-Ich selbständig und verantwortungsbewußt seinen Weg geht, ist er nicht mehr eingebettet in eine Gemeinschaft, einen Volks-, einen Familienzusammenhang, sondern wie abgeschnitten davon. So ist es heute. Jeder ist einzeln und pocht auf seine Individualität. Damit ist zugleich gegeben, daß die Welt in Einzelheiten erlebt wird, in Stücken, die erst durch innere Bemühung im Denken und Fühlen wieder zu einem Ganzen gestaltet werden können. Ganz entsprechend kann eine neue Gemeinsamkeit nur durch bewußte

Anstrengung gefunden werden. Die Zerstückelung des Dionysos ist ein Realbild, das unmittelbar unsere Gegenwart betrifft. Der Rest der Geschichte ist Zukunftsprophetie: Der Vater nimmt den Sohn wieder in sich auf und gebiert ihn von neuem. Dies sagt uns der griechische Mythos.

Als im vorigen Jahrhundert die Brüder Grimm Volksmärchen sammelten, wurden von dem Maler Philipp Otto Runge zwei plattdeutsche Märchen beigesteuert: *Von dem Machandelboom* und *Von dem Fischer und syner Fru.* Sie sind als künstlerisch gestaltete Märchendichtung kaum zu übertreffen. Die Bilderfolge des ersteren kann jeden, der den griechischen Mythos kennt, in Erstaunen setzen.

Der Machandelboom ist nicht etwa ein Mandelbaum, sondern ein Wacholder. Da er dem Märchen den Namen gibt, ist er sicher kein nebensächliches Requisit. Der Wacholder ist in Nordeuropa weit verbreitet und wurde in alten Zeiten verehrt als Lebensbaum, verbunden mit der Vorstellung der Erneuerung, der ewigen Jugend, Gesundheit und Unsterblichkeit.

Unter dem Machandelboom stand eine junge Frau, als sie sich ein Kind wünschte, so rot wie Blut, so weiß wie Schnee, wie der Blutstropfen, der aus ihrem Finger in den Schnee gefallen war, als sie sich einen Apfel schälte. Unter dem Machandelboom wird sie dann begraben, als sie bei der Geburt dieses Kindes stirbt.

Der Vater nimmt eine zweite Frau – sie wird die Mutter des Schwesterchens Marleneken –, die den erstgeborenen Knaben haßt. Sie tötet ihn, hackt ihn in Stücke und setzt ihn dem Vater als Mahl vor. Diesem mundet die Speise sehr wohl: «Ihr sollt gar nichts davon essen. Es ist, als ob das alles mein wäre!»

Marlenchen aber hat alles miterlebt. Sie fühlt sich mitschuldig, sie weint und weint und weint. Und dann sammelt sie alle Knochen und Knöchelchen, die der Vater unter den Tisch geworfen hat, bindet sie mit ihrem besten seidenen Halstuch zusammen und trägt sie in den Hof unter den Machandelboom.

«Da fing der Machandelbaum an, sich zu bewegen, und die Zweige gingen immer auseinander und wieder zusammen, so wie wenn sich einer so recht freut und mit den Händen so tut. Und dann stieg ein Nebel aus dem Baum, und mitten in dem Nebel brannte es wie Feuer, und aus dem Feuer da flog so ein schöner Vogel heraus, der sang so herrlich und flog hoch in die Luft, und als er weg war, da war der Machandelbaum wie er vorher gewesen war, und das Tuch mit den Knochen war weg.»

Der Vogel flog in die Welt hinaus und trug sein Lied als freudige Botschaft zu den Menschen. Bei einem Schuster, einem Goldschmied und einem Müller ließ er sich nieder, die ihm alle gern etwas dafür schenkten, daß er nochmals sang. So hatte er schließlich in der linken Klaue ein Paar rote Schuhe, in der rechten eine goldene Kette und um den Hals einen Mühlenstein. Damit kehrte er zu seines Vaters Haus zurück.

Und was war es denn, was er sang? In allen Varianten dieses Märchens – und es gibt etliche – bleibt der Inhalt dieses Liedes erstaunlich konstant:

Mein Mutter, de mich schlacht,
mein Vater, de mich ass,
mein Schwester, de Marleniken
sucht alle meine Beniken,
bind't sie in ein seiden Tuch,
legt's unter den Machandelboom.
Kyvitt. Kyvitt, wat vör'n schöön Vagel bün ik!

Goethe kannte offensichtlich das Märchen, denn er läßt Gretchen im Kerker singen:

Meine Mutter, die Hur,
die mich umgebracht hat!
Mein Vater, der Schelm,
der mich gessen hat!
Mein Schwesterlein klein
hub auf die Bein',
an einem kühlen Ort;
da ward ich ein schönes Waldvögelein,
fliege fort, fliege fort!

Die Wiederkehr des Vogels bringt den Hausbewohnern den Lohn für ihre Taten. Es ist wie eine Art Weltgericht. Der Vogel sitzt auf dem Dach, singt wiederum sein Lied und verteilt seine Gaben. Marlenchen bekommt die roten Schuhe, und sie wird auf einmal ganz froh, der Vater darf die goldene Kette um den Hals tragen. Der Stiefmutter aber wirft er den Mühlstein auf den Kopf, «dat se ganz tomatscht wurr». Dann geht wieder Dampf und Feuer aus dem Baum und der Junge bekommt seine menschliche Gestalt wieder. Er nahm Vater und Schwester bei der Hand und sie gingen ins Haus und aßen.

Die Motive des griechischen Mythos in dieser Erzählung sind unverkennbar: Zerstückelung durch eine eifersüchtige Frau, das Zurückkehren in den Leib des Vaters, die Neubelebung. Selbst die vom Tod geraubte leibliche Mutter hat etwas von Persephone. Es sind sozusagen die Dimensionen auf Menschenmaß zurückgenommen.

Noch etwas anderes fällt auf. Auch für dieses Märchen gibt es eine christliche Sicht, die nicht zufällig sein kann. Im Schicksal des Knaben können wir die Passionsgeschichte sehen. Er wird nie bei Namen genannt, er ist einfach der «Sohn». Warum heißt das Schwesterchen, das immerzu weint und sich schuldig fühlt, gerade Marlenchen? War es nicht Maria Magdalena, die «große Sünderin», von der das Johannesevangelium erzählt, wie sie vor dem Grabe stand und weinte und dadurch hellsichtig für den Auferstandenen wurde?

Der Mühlstein, den der Vogel geschenkt bekommt, ist so schwer, daß zwanzig Müllerburschen ihn nur mit Mühe heben können, der Vogel aber nimmt ihn leicht wie ein Krägelchen um den Hals. Soll das vielleicht heißen, daß er in dem Bereich lebt, in dem es keine Erdenschwere gibt? «Wer wälzte den Stein von des Grabes Tür?» fragten die Frauen am Ostermorgen.

Warum freuten die Menschen sich so über den Gesang des Vogels, daß sie ihn wieder und wieder hören wollten? Es war eben eine «frohe Botschaft», ein «Evangelium». Was war sein Inhalt? Der Inhalt der Evangelien: «Ich bin getötet worden. Ich bin zum Vater gegangen. Ich bin auferstanden.»

Wenn der Sohn wiederkehrt, erhalten alle den

Lohn für ihre Taten – das Jüngste Gericht. Die Bösen werden ausgeschieden. Mit den Guten geht er ins Haus und hält das Mahl mit ihnen.

Das Märchen vom Machandelboom, so wie es in der Sammlung der Brüder Grimm steht, hat einen ins Christliche metamorphosierten mythischen Inhalt, der aber außerdem von Ph. O. Runge künstlerisch gestaltet worden ist. Es ist dadurch kein Kunstmärchen geworden, obwohl ein Stilelement hereingekommen ist, das nicht zum Märchen gehört: die kontinuierlichen Übergänge. Das gilt zum Beispiel für den ersten Teil, in dem die Schwangerschaft der jungen Frau wunderbar poetisch geschildert ist. Nach der Begebenheit unter dem Machandelbaum heißt es:

«Da ging sie ins Haus, und es ging ein Monat vorbei, der Schnee verging; und zwei Monate, da wurde es grün; und drei Monate, da kamen die Blumen aus der Erde; und vier Monate, da drängten sich alle Bäume im Wald, und die grünen Zweige waren alle durcheinander gewachsen, da sangen die Vöglein, daß der ganze Wald erschallte, und die Blüten fielen von den Bäumen; da ging der fünfte Monat vorbei, und sie stand unter dem Machandelbaum, der duftete so schön, da hüpfte ihr das Herz vor Freuden, und sie fiel auf die Knie und konnte sich nicht lassen; und als der sechste Monat vorbei war, da wurden die Früchte dick und reif, da wurde sie ganz still; und der siebente Monat, da griff sie nach den Machandelbeeren und aß davon, da wurde sie traurig und krank; da ging der achte Monat hin, und sie rief ihren Mann und weinte und sagte: ‹Wenn ich sterbe, so begrabe mich unter dem Machandelbaum!› Da wurde sie ganz getrost und freute sich, bis der neunte Monat vorbei war, da kriegte sie ein Kind so weiß wie Schnee und so rot wie Blut, und als sie das sah, da freute sie sich so, daß sie starb.»

Eine Mutter trägt ihr Kind durch die Jahreszeiten und ihr Seelenleben ist innig mit den Naturvorgängen verbunden. Aber als es Winter wird, muß sie in die Unterwelt, von dort sendet sie ihrem toten Kinde die Kräfte der Erneuerung zu. Diese Beschreibung ist keine bloße dichterische Ausschmückung, obwohl es das *auch* ist. Doch ganz gewiß hatte Philipp Otto Runge auch das mythische Bild von Persephone, der Jahreszeitengöttin, im Sinn und fügte es auf diese Art dem Märchen wieder ein.

Kann man so etwas Kindern erzählen? – Ich würde sagen: wenn sie noch so klein sind, daß sie Bilder als Bilder nehmen können, und wenn man selbst weiß, was man ihnen damit vermitteln will: Ja! – Bei uns gehörte dieses Märchen zur Osterzeit.

Statt eines Nachwortes

Die zwölf Monate

«Es war einmal eine Witwe, die hatte fünf Kinder und war sehr arm. Sie fand auch keine Arbeit, durch die sie etwas verdienen konnte. Nur einmal in der Woche rief eine reiche Frau aus der Nachbarschaft sie zu sich und ließ sie den Brotteig kneten. Aber sie gab ihr nichts für ihre Mühe, nicht einmal einen Kanten Brot für ihre Kinder.

Die Arme pflegte aber fortzugehen mit den Teigresten an den Händen, die wusch sie zu Hause mit sauberem Wasser, und dieses Wasser kochte sie, so daß ein Brei daraus wurde. Die Kinder aßen den Brei, und davon waren sie die ganze Woche satt, bis ihre Mutter wieder bei der reichen Frau knetete und wieder mit ungewaschenen Händen zurückkehrte und ihnen den Brei zubereitete.

Aber die Kinder der reichen Frau wurden bei ihrem reichlichen und fetten Essen und ihrem schneeweißen Brot nicht kräftig und dick, sondern waren mager wie getrocknete Makrelen, während die Kinder der armen Frau prächtig gediehen und gesund und rund waren wie die Meerbarben. Die reiche Frau wußte nicht, was sie davon halten sollte, und sprach mit ihren Freundinnen darüber, und die Freundinnen sagten:

‹Die Kinder der armen Frau gedeihen und werden dick, weil sie das Glück deiner Kinder an ihren Händen mitnimmt und es ihren eigenen bringt. Deswegen werden ihre Kinder stark und kräftig und deine schwinden dahin!›

Das glaubte die reiche Frau, und als der Tag kam, an dem die andere wieder kneten sollte, ließ sie sie nicht mit ungewaschenen Händen fortgehen, sondern hieß sie sie gründlich waschen, damit das Glück in ihrem Hause bleibe. Und die Arme kam mit Tränen in den Augen nach Hause.

Als die Kinder sahen, daß sie ohne Teig an den Händen kam, fingen sie an zu weinen. Und auf der einen Seite weinten die Kinder, auf der anderen die Mutter. Zum Schluß machte sie als Erwachsene ihr Herz hart wie Eisen und beruhigte sich und sagte zu den Kindern: ‹Beruhigt euch, liebe Kinder, und weint nicht, ich werde schon ein Stück Brot für euch finden.›

Und sie ging von Tür zu Tür und mühte sich, bis sie Leute fand, die ihr einen trocknen Brotkanten gaben, den weichte sie gründlich in Wasser ein und verteilte ihn unter die Kinder. Und als sie gegessen hatten, ließ sie sie zu Bett gehen und einschlafen. Und gleich nach Mitternacht nahm sie allen Mut zusammen und ging fort, um nicht sehen zu müssen, wie ihre Kinder vor Hunger stürben.

Als sie nun durch die einsame Nacht ging, sah sie auf einer Höhe einen Lichtschein und ging darauf zu. Und als sie nahe herankam, sah sie, daß es ein Zelt war, und in der Mitte des Zeltes hing ein großer Kronleuchter mit zwölf Lampen. Und unter dem Kronleuchter hing etwas Rundes wie ein Ball. Sie trat ins Zelt und sah dort zwölf Männer sitzen, die über eine Angelegenheit beratschlagten.

Das Zelt war rund, und am Eingang des Zeltes rechts saßen drei Jünglinge, die trugen ein offenes Hemd und hielten zarte Gräser und Blüten in den Händen.

Weiterhin saßen drei junge Männer, die hatten die Ärmel aufgestreift bis zu den Ellbogen, waren ohne Überrock und hielten reife Ähren in den Händen.

Daneben saßen drei Männer, die hielten jeder eine Weintraube in der Hand, und dann kamen drei Greise, zusammengekauert, die trugen lange Pelze vom Hals bis hinunter an die Knie.

Als die Jünglinge die Frau sahen, sagten sie: ‹Sei gegrüßt, Muhme, nimm Platz.›

Und nachdem die Frau sie begrüßt hatte, setzte sie sich. Und danach fragten sie sie, wie es zuginge, daß sie in diese Gegend käme. Und die arme Witwe berichtete von ihrer traurigen Lage und ihren Leiden, und als die Männer gemerkt hatten, daß die Arme Hunger hatte, erhob sich einer von denen, die die Pelze trugen, und richtete ihr den Tisch und ließ sie essen. Und sie sah, daß er hinkte.

Als die Frau gegessen hatte und satt war, fingen die Männer an, sie nach vielerlei Angelegenheiten des Landes zu fragen, und die Frau antwortete, was sie wußte. Zuletzt sagten die drei Jünglinge, die das Hemd offen trugen, zu ihr: ‹Na, Muhme, wie kommt ihr mit den Monaten des Jahres zurecht? Was haltet ihr von März, April und Mai?›

‹Gut kommen wir zurecht, meine Kinder›, antwortete die Witwe, ‹und ganz besonders, wenn diese Monate kommen, dann grünen Berge und Ebenen, und die Erde schmückt sich mit allerlei Blumen und strömt einen Duft aus, daß der Mensch sich neu belebt. Dann fangen auch alle Vögel an zu singen. Die Bauern betrachten ihre grünen Felder, und ihr Herz freut sich, und sie bereiten ihre Scheunen vor. So haben wir nichts zu klagen über März, April und Mai, denn sonst würde Gott um unseres Undankes willen Feuer schicken und uns verbrennen.›

Danach sprachen auch die Männer, die aufgestreifte Ärmel trugen und Ähren hielten: ‹Vom Juni, Juli und August, was haltet ihr von denen?›

Und die Arme erwiderte: ‹Auch über diese Monate können wir uns gar nicht beklagen, denn mit der Hitze, die sie bringen, reifen sie das Getreide und alle Früchte. Dann ernten die Bauern, was sie ausgesät haben, und die Gärtner sammeln das Obst ein. Und besonders die Armen sind sehr zufrieden mit diesen Monaten, denn sie brauchen nicht soviel teure Kleidung.›

Danach fragten auch die drei andern, die die Trauben hielten: ‹Wie geht es euch mit den Monaten September, Oktober und November?›

‹In diesen Monaten›, antwortete die Frau, ‹sammeln die Menschen die Trauben und machen Wein daraus. Und übrigens haben sie das Gute, daß sie uns daran erinnern, daß der Winter kommt, und die Menschen sorgen für Holz und Kohle und für warme Kleidung, um sich zu wärmen.›

Zum Schluß fragten die Greise, die die Pelze trugen: ‹Nun, wie kommt ihr mit den Monaten Dezember, Januar und Februar zurecht?›

‹Ach, diese Monate lieben uns sehr›, sagte die Arme, ‹und wir lieben sie sehr. Aber ihr werdet fragen, warum? Nun, darum! Da die Menschen von Natur unersättlich sind und das ganze Jahr hindurch arbeiten möchten, um viel zu gewinnen, kommen diese Wintermonate und versammeln uns im Winkel und lassen uns ausruhen von den Arbeiten des Sommers. Die Menschen lieben sie auch darum, weil sie durch ihren Regen und ihren Schnee alle Saaten und Kräuter wachsen lassen. Also, liebe Kinder, alle Monate sind gut und wertvoll, und ein jeder tut die Arbeit, die Gott ihm aufgetragen hat. Nur wir Menschen sind nicht gut.›

Da nickten die elf Männer dem ersten von denen zu, die Weintrauben hielten, und er ging hinaus, und in kurzer Zeit kam er wieder herein, und in seinen Händen hielt er einen verschlossenen Krug und gab ihn der Frau und sagte zu ihr: ‹Nun wohlan, Muhme, nimm diesen Krug und geh nach Hause und ernähre deine Kinder.›

Die Frau nahm den Krug mit Freuden auf und sagte zu den Männern: ‹Ich wünsche euch noch viele Jahre, meine Kinder.› – «Glück zu, Muhme›, antworteten die Männer, und sie ging.

Und gerade zu der Stunde, als der Morgen anbrach, kam sie nach Hause und fand ihre Kinder noch schlafend. Und sie breitete ein Laken aus und leerte den Krug und sah, daß er voller Dukaten war, und sie war nahe daran, vor Freude ihren Verstand zu verlieren.

Sobald es richtig hell geworden war, ging sie zum Backhaus am Markt und kaufte fünf, sechs Brote und ein Kilo Käse und weckte ihre Kinder, wusch sie, zog sie an und ließ sie ihr Gebet sprechen, und dann gab sie ihnen Brot und Käse, und sie aßen, die armen Kleinen, und sie wurden schön satt.

Danach kaufte sie einen Scheffel Weizen, brachte ihn zur Mühle und ließ ihn mahlen, knetete einen Teig und brachte die Brote zum Backofen, wo sie gebacken wurden.

Und als sie vom Backofen zurückkehrte, mit dem Brett voll von Broten auf der Schulter, sah die reiche Frau sie und argwöhnte, daß sich mit der anderen irgend etwas ereignet hätte, und folgte ihr auf dem Fuße, um zu erfahren, wo sie das Mehl zum Teig gefunden habe. Die gute Arme sagte die ganze Wahrheit.

Die reiche Frau wurde neidisch und beschloß in ihrem Sinn, selbst auch zu den Monaten zu gehen.

Des Nachts also, als sie ihren Mann und ihre Kinder zur Ruhe gebracht hatte, ging sie aus dem Haus und machte sich auf den Weg und fand das Zelt, in dem die zwölf Monate waren, und begrüßte sie. Und die sagten zu ihr: ‹Guten Tag, liebe Dame, wie ging es zu, daß du die Güte hattest, uns zu besuchen?› – ‹Ich bin arm›, antwortete sie, ‹und kam, um Hilfe von euch zu erlangen.›

‹Sehr wohl›, sagten sie, ‹hast du Hunger? willst du essen?› – ‹Nein, ich danke euch›, sagte sie, ‹ich bin satt.›

‹Sehr wohl›, sagten die Jünglinge, ‹und wie geht es euch dortzulande?› – ‹Mög es nur nicht noch schlimmer werden›, erwiderte sie.

‹Nun, wie kommt ihr mit den Jahreszeiten zurecht?› fragten sie wieder. ‹Wie wir zurechtkommen?› antwortete sie. ‹Jede von ihnen bringt Ärger. Wenn wir vom August her an die Hitze gewöhnt sind, kommen schleunigst der September, der Oktober und der November und bringen uns Kälte. Und den einen packen die Krämpfe, und der andere erkältet sich. Danach kommen die Wintermonate Dezember, Januar und Februar und lassen uns frieren, und die Straße sind voll Schnee, und wir können nicht hinausgehen, und besonders dieser lahme Februar! ...› (Das hörte der unglückliche Februar.) ‹Und dann wieder die kindischen Monate März, April und Mai! Sie begreifen nicht, daß sie Sommermonate sind, sondern wollen sich auch aufführen wie die Wintermonate, so daß sie den Winter auf neun Monate ausdehnen. Und am ersten Mai können wir nicht nach draußen gehen, um unsern Milchkaffee zu trinken und uns ins Gras zu legen. Danach kommen der Juni, der Juli und der August. Die haben wiederum die Sucht, uns im Schweiß ersticken zu lassen, bei ihrer Hitze. Und besonders durch die Hitze des 15. August packt uns das Fieber, und die erste Augustwoche verdirbt uns die Wäsche auf der Bleiche. Was soll ich euch sagen, ihr Männer. Wir führen mit den Monaten (möchte es sie nie gegeben haben, Fluch ihnen!) ein trostloses Leben.›

Die Männer sagten kein Wort, sondern winkten nur dem mittleren von denen mit den aufgestreiften Ärmeln, die Ähren hielten. Und er erhob sich und brachte einen verschlossenen Krug und gab ihn der Frau und sagte zu ihr: ‹Nimm diesen Krug, und wenn du nach Hause kommst, schließe dich ganz allein in ein Zimmer ein und leere ihn. Auf dem Weg darfst du ihn nicht öffnen.› – ‹Nein, ich öffne ihn nicht›, sagte die Frau und ging fort und kam fröhlich nach Hause, bevor es noch hell wurde.

Und sie schloß sich ganz allein in ein Zimmer ein und breitete ein Laken aus, öffnete den Krug und leerte ihn. Und was kam heraus? Lauter Schlangen! Und die stürzten sich auf sie und fraßen sie bei lebendigem Leibe. Und sie ließ ihre Kinder als Waisen zurück; denn es ist nicht gut, daß einer dem andern Übles nachredet. Die Arme jedoch mit ihrem guten Herzen und ihrer freundlichen Zunge gewann Reichtum und wurde eine große Dame und brachte ihre Kinder gut voran. Seht! das ist, was man ein ‹glückliches Leben› nennt.»[21]

ANHANG

Marja Morewna

Russisches Märchen

In einem Reich, in einem Land lebte einmal ein Zarewitsch namens Iwan; er hatte drei Schwestern: die eine hieß Marja, die andere Olga und die dritte Anna. Ihre Eltern waren gestorben; auf ihrem Totenbett befahlen sie ihrem Sohn: «Wer zuerst um deine Schwestern freit, dem sollst du sie geben – du sollst sie nicht lange bei dir behalten!» Iwan Zarewitsch beerdigte seine Eltern und ging in seiner Trauer mit den Schwestern in den grünen Garten hinaus. Da zog plötzlich eine schwarze Wolke am Himmel auf, ein furchtbares Gewitter brach los.

«Kommt, Schwestern, wir wollen ins Haus gehen!» sagte Iwan Zarewitsch. Kaum waren sie in dem Palast, als es heftig donnerte, die Decke sich auftat und ein lichter Falke in das Gemach geflogen kam. Der Falke warf sich zu Boden, verwandelte sich in einen stattlichen Jüngling und sprach: «Guten Tag, Iwan Zarewitsch! Früher kam ich als Gast, heute komme ich als Freier: Gib mir deine Schwester Marja Zarewna zur Frau.» – «Wenn du meiner Schwester lieb bist, soll es an mir nicht liegen – sie mag mit Gottes Segen deine Frau werden!» Marja Zarewna war der Freier lieb; der Falke heiratete sie und trug sie in sein Reich davon. Ein Tag folgte dem anderen, eine Stunde jagte die andere – ein ganzes Jahr war vergangen, als wäre es nie gewesen; Iwan Zarewitsch lustwandelte mit den zwei Schwestern in dem grünen Garten. Abermals zog eine Wolke mit Sturm und Blitz am Himmel auf.

«Kommt, Schwestern, wir wollen ins Haus gehen!» sagte der Zarewitsch. Kaum waren sie im Palast, als es heftig donnerte, das Dach barst, die Decke tat sich auf, und ein Adler flog herein; er warf sich zu Boden und verwandelte sich in einen stattlichen Jüngling: «Guten Tag, Iwan Zarewitsch! Früher kam ich als Gast, heute komme ich als Freier.» Und er hielt um die Hand von Olga Zarewna an. Iwan Zarewitsch antwortete: «Wenn du Olga Zarewna lieb bist, mag sie dich heiraten; es ist ihr Wille, nicht der meine.» Olga Zarewna war der Freier lieb und sie heiratete den Adler; der Adler nahm sie auf seine Flügel und trug sie in sein Reich davon. – Ein weiteres Jahr verging; da sagte Iwan Zarewitsch zu seiner jüngsten Schwester: «Komm, Schwester, wir wollen im grünen Garten lustwandeln!» Eine Weile lustwandelten sie im Garten; da zog wieder eine Wolke mit Sturm und Blitz am Himmel auf. «Komm, Schwester, wir wollen ins Haus zurückkehren!» Sie kehrten zurück und hatten sich noch nicht hingesetzt – da donnerte es, die Decke tat sich auf, und ein Rabe flog herein; der Rabe warf sich zu Boden und verwandelte sich in einen stattlichen Jüngling: Die ersten beiden schon waren schön, dieser aber war noch schöner. «Nun, Iwan Zarewitsch, früher kam ich als Gast, jetzt komme ich als Freier: Gib mir deine Schwester Anna zur Frau.» – «Sie soll ihren Willen haben; bist du ihr lieb, dann soll sie dich heiraten.» Anna Zarewna heiratete den Raben, und er trug sie in sein Reich davon.

Iwan Zarewitsch blieb ganz allein zurück; ein ganzes Jahr lebte er ohne seine Schwestern, da verlangte es ihn danach, sie wiederzusehen. «Ich will», sagte er, «meine Schwestern suchen.» Er bereitete alles, was nötig war, und machte sich auf den Weg. Er wanderte, wanderte und sah: über ein weites Feld verstreut lag ein erschlagenes Heer. Da fragte Iwan Zarewitsch: «Ist hier noch ein Lebender – er gebe Antwort! Wer war es, der dieses gewaltige Heer geschlagen hat?» Und es antwortete ihm ein Lebender: «Dieses mächtige Heer schlug Marja Morewna, die schöne Königstochter.» Iwan Zarewitsch ritt weiter und kam zu einem weißen Zelt, und Marja Morewna, die schöne Königstochter, trat ihm entgegen: «Guten Tag, Iwan Zarewitsch, wohin des Wegs – hast du dich aus freiem Willen aufgemacht oder nicht?» Iwan Zarewitsch antwortete ihr: «Unfrei reitet kein rechter Recke!» – «Nun, wenn du keine Eile hast, so bist du mir ein willkommener Gast in meinen Zelten.» Iwan Zarewitsch freute sich über alle Maßen, blieb zwei Nächte in ihren Zelten, Marja Morewna gewann ihn lieb, und er heiratete sie.

Marja Morewna, die schöne Königstochter, nahm ihn mit in ihr Reich; sie lebten eine Zeitlang miteinander, da wollte die Königstochter in den Krieg ziehen; sie übergab die Herrschaft Iwan Zarewitsch und sagte: «Du mußt überall hingehen und überall nach dem Rechten sehen; aber hüte dich, auch nur einen Blick in diese Kammer zu werfen!» Er konnte sich nicht bezwingen, und sobald Marja Morewna aus dem Haus war, lief er zu der Kammer, schloß die Tür auf und sah – dort hing Kostschej der Unsterbliche an zwölf Ketten festgeschmiedet. Kostschej bat Iwan Zarewitsch: «Erbarme dich meiner, gib mir zu trinken! Zehn Jahre darbe ich hier, habe nicht gegessen und nicht getrunken – der Hals ist mir ganz verdorrt!» Iwan Zarewitsch brachte ihm einen vollen Eimer Wasser, er leerte ihn und bat abermals: «Mit einem Eimer kann ich meinen Durst nicht löschen, gib mir mehr!» Iwan Zarewitsch brachte ihm den zweiten Eimer Wasser, Kostschej leerte ihn und bat um einen dritten, aber als er den dritten getrunken hatte, kehrte seine frühere Kraft zurück, er rüttelte an seinen Ketten und zerriß alle zwölf mit einem Ruck. «Habe Dank, Iwan Zarewitsch», sagte Kostschej der Unsterbliche. «Nun wirst du Marja Morewna niemals wiedersehen, ebensowenig wie deine eigenen Ohren!» Als schrecklicher Sturm flog er zum Fenster hinaus, holte Marja Morewna ein, packte sie und trug sie davon. Iwan Zarewitsch weinte bitterlich, bereitete alles, was nötig war, und machte sich auf den Weg: «Was auch kommen mag – ich muß Marja Morewna wiederfinden!»

Er wanderte einen Tag, er wanderte einen zweiten Tag, und im Morgengrauen des dritten Tages erblickte er einen wunderbaren Palast. Vor dem Palast stand eine Eiche, auf der Eiche saß ein Falke. Der Falke flog vom Baum herunter, warf sich auf die Erde, verwandelte sich in einen stattlichen Jüngling und rief: «Ach, lieber Schwager! Ist Gottes Gnade mit dir?» Marja Zarewna kam aus dem Palast gelaufen, empfing Iwan Zarewitsch mit großer Freude, fragte ihn aus und wurde des Erzählens nicht müde. Drei Tage war Iwan Zarewitsch bei ihnen zu Gast und sagte dann: «Ich kann nicht länger bei euch bleiben; ich will meine Frau, Marja Morewna, die schöne Königstochter, suchen.» – «Es wird für dich kein leichtes sein, sie zu finden», sagte der Falke, «laß uns deinen silbernen Löffel; wir werden ihn ansehen und an dich denken.» Iwan Zarewitsch ließ dem Falken seinen silbernen Löffel und zog weiter.

Er wanderte einen Tag, er wanderte einen zweiten Tag, und am Morgen des dritten Tages erblickte er einen Palast, der war noch prächtiger als der erste. Vor dem Schloß stand eine Eiche, auf der Eiche saß ein Adler. Der Adler flog vom Baum herunter, warf sich auf die Erde, verwandelte sich in einen stattlichen Jüngling und rief: «Wach auf, Olga Zarewna! Unser lieber Bruder ist gekommen.» Olga Zarewna kam ihnen sogleich entgegengelaufen, umarmte und küßte ihren Bruder, fragte ihn aus und wurde des Erzählens nicht müde. Iwan Zarewitsch war drei Tage bei ihnen zu Gast und sagte dann: «Länger kann ich nicht bleiben; ich will meine Frau, Marja Morewna, die schöne Königstochter, suchen.» Der Adler sagte: «Es wird für dich kein leichtes sein, sie zu finden. Laß uns deine silberne Gabel; wir werden die Gabel ansehen und an dich denken.» Iwan Zarewitsch ließ dem Adler seine silberne Gabel und machte sich auf den Weg.

Er wanderte einen Tag, er wanderte einen zweiten Tag, und im Morgengrauen des dritten Tages sah er ein Schloß, das war noch prächtiger als die beiden ersten. Vor dem Schloß stand eine Eiche, auf der Eiche saß ein Rabe. Der Rabe flog von der Eiche herunter, warf sich auf die Erde, verwandelte sich in einen stattlichen Jüngling und rief: «Anna Zarewna, beeile dich! Unser lieber Bruder ist gekommen!» Anna Zarewna kam aus dem Palast gelaufen, empfing ihn mit großer Freude, küßte ihn, umarmte ihn, fragte ihn aus und wurde des Erzählens nicht müde.

Iwan Zarewitsch war drei Tage bei ihnen zu Gast und sagte dann: «Lebt wohl! Ich will weiter wandern und meine Frau, Marja Morewna, die schöne Königstochter, suchen.» Der Rabe sagte: «Es wird für dich kein leichtes sein, sie zu finden. Laß uns deine silberne Tabaksdose; wir werden sie ansehen und an dich denken.» Iwan Zarewitsch gab ihm seine silberne Tabaksdose, nahm Abschied und machte sich auf den Weg.

Er wanderte einen Tag, er wanderte einen zweiten Tag, und am dritten Tag war er bei seiner Frau Marja Morewna angelangt. Sie erblickte ihren Liebsten, warf sich an seine Brust, weinte und sprach: «Ach, Iwan Zarewitsch, warum hast du nicht auf mich gehört – warum hast du die Kammer aufgeschlossen und Kostschej den Unsterblichen befreit?» – «Vergib mir, Marja Morewna! Laß gewesen sein, was gewesen ist, und komm jetzt mit mir, solange Kostschej der Unsterbliche nicht zu Hause ist. Vielleicht können wir ihm entkommen!» Sie brachen eilig auf. Kostschej war unterdessen auf der Jagd. Als er am Abend nach Hause ritt, strauchelte sein Roß bei jedem Tritt: «Du strauchelst, hungrige Mähre? Oder witterst du Unheil?» Das Pferd antwortete: «Iwan Zarewitsch war hier. Er hat Marja Morewna geholt.» – «Können wir sie einholen?» – «Wir könnten Weizen säen, reifen lassen, mähen, dreschen, mahlen, fünf Backöfen voll Brot backen, das Brot aufessen und uns dann zur Verfolgung aufmachen – und kämen immer noch zur rechten Zeit.» Kostschej sprengte den beiden nach und holte Iwan Zarewitsch ein. «Das erste Mal», sagte er, «will ich dir verzeihen um deiner Güte willen, weil du mir

Wasser zu trinken gegeben hast; auch ein zweites Mal werde ich dir verzeihen. Aber beim dritten Mal werde ich dich zerstückeln – nimm dich in acht!» Kostschej entriß ihm Marja Morewna und ritt mit ihr davon; und Iwan Zarewitsch setzte sich auf einen Stein und weinte.

Er weinte und weinte, dann stand er auf und kehrte zu Marja Morewna zurück. Kostschej der Unsterbliche war nicht zu Hause. «Komm mit mir, Marja Morewna.» – «Ach, Iwan Zarewitsch, er wird uns einholen!» – «Und wenn er uns einholt, so sind wir doch ein oder zwei Stündlein beisammen!» Sie brachen eilig auf. Als Kostschej nach Hause ritt, strauchelte sein Roß bei jedem Tritt. «Du strauchelst, hungrige Mähre, oder witterst du Unheil?» – «Iwan Zarewitsch war hier, er hat Marja Morewna geholt.» – «Können wir sie einholen?» – «Wir könnten Gerste säen, wachsen und reifen lassen, ernten, dreschen, Bier brauen, eins über den Durst trinken, den Rausch ausschlafen und uns dann zur Verfolgung aufmachen und kämen immer noch zur rechten Zeit!» Kostschej sprengte den beiden nach und holte Iwan Zarewitsch ein: «Ich habe dir doch gesagt, du sollst Marja Morewna ebensowenig sehen wie deine Ohren!» Kostschej entriß sie ihm und ritt mit ihr zurück.

Iwan Zarewitsch blieb allein, er weinte und weinte und kehrte abermals zu Marja Morewna zurück; um diese Zeit war Kostschej nicht zu Hause. «Komm mit mir, Marja Morewna!» – «Ach, Iwan Zarewitsch! Er wird uns doch einholen und dich in Stücke hacken!» – «Und wenn er mich in Stücke hackt! Ich kann ohne dich nicht leben.» Sie rüsteten sich und brachen auf.

Als Kostschej am Abend nach Hause ritt, strauchelte sein Pferd bei jedem Schritt. «Warum strauchelst du? Witterst du Unheil?» – «Iwan Zarewitsch war hier, er hat Marja Morewna geholt.» Kostschej ritt den beiden nach, holte Iwan Zarewitsch ein, zerstückelte ihn und tat den zerstückelten Leib in ein geteertes Faß. Um dieses Faß schlug er eiserne Reifen und warf es in das blaue Meer. Marja Morewna aber nahm er wieder mit. Um diese Zeit lief das Silber bei den Schwägern von Iwan Zarewitsch schwarz an. «Ach», sagten sie, «offenbar ist ihm ein Unglück zugestoßen!» Der Adler kreiste über dem blauen Meer, sah das Faß und zog es ans Ufer, der Falke holte das Wasser des Lebens und der Rabe das Wasser des Todes. Sie trafen sich alle drei an einem Ort, zerschlugen das Faß, holten die Stücke heraus, wuschen sie und setzten sie zusammen, wie es sich gehört. Der Rabe besprengte sie mit dem Wasser des Todes – die Stücke wuchsen zusammen, der Leib nahm seine frühere Gestalt an; der Falke besprengte ihn mit dem Wasser des Lebens; Iwan Zarewitsch schauerte, erhob sich und sagte: «Ach, habe ich aber lange geschlafen!» – «Wenn wir nicht wären, hättest du noch länger geschlafen», sagten seine Schwäger. «Komm mit uns und sei unser Gast.» – «Nein, Brüder, ich will Marja Morewna suchen!»

Er kam zu ihr und bat: «Frage Kostschej den Unsterblichen, woher er sein braves Pferd hat.» Marja Morewna wartete einen günstigen Augenblick ab und begann Kostschej auszufragen. Kostschej sagte: «Hinter den dreimal neun Ländern, in dem dreimal zehnten Reich, hinter dem Feuerfluß lebt die Baba Jaga; sie hat eine Stute. Auf dieser Stute fliegt sie täglich um die ganze Welt. Sie hat auch noch viele andere Stuten, ich habe ihr drei Tage als Pferdehirt gedient und dabei keine einzige Stute verloren. Dafür hat die Baba Jaga mir ein Fohlen gegeben.» – «Und wie bist du über den Feuerfluß gekommen?» – «Ich habe ein Tüchlein – wenn ich dieses Tüchlein dreimal nach rechts schwenke, erscheint eine hohe Brücke, so hoch, daß die Flammen ihr nichts anhaben können!» Marja Morewna hörte sich alles an, erzählte es Iwan Zarewitsch, und auch das Tuch gab sie ihm, nachdem sie es Kostschej heimlich entwendet hatte.

Iwan Zarewitsch kam wohlbehalten über den Fluß und ging weiter zu der Baba Jaga. Er wanderte lange und hatte nichts zu essen und zu trinken. Da begegnete er einem nie gesehenen Vogel mit seinen Küken. Iwan Zarewitsch sagte: «Ich will wenigstens ein Küken essen.» – «Iß es nicht, Iwan Zarewitsch!» bat ihn der Vogel. «Die Zeit kommt, da du mich brauchen wirst.» Iwan Zarewitsch wanderte weiter, da sah er im Wald einen Bienenstock. «Ich will», sagte er, «mir ein bißchen Honig holen.» Aber da hörte er, wie die Bienenkönigin bat: «Laß mir meinen Honig, Iwan Zarewitsch. Die Zeit kommt, da du mich brauchen wirst.» Er rührte den Honig nicht an und wanderte weiter. Da begegnete ihm eine Löwin mit ihrem Jungen. «Ich will wenigstens dieses Löwenjunge schlachten; mir ist ganz elend vor Hunger.» – «Laß mir mein Junges, Iwan Zarewitsch», bat ihn die Löwin. «Die Zeit kommt, da du mich brauchen wirst.» – «Gut, es soll so sein, wie du sagst!»

Er wanderte hungrig weiter und mußte noch lange, lange gehen, bis er an das Haus der Baba Jaga kam. Um das Haus herum standen zwölf Pfähle, auf elf Pfählen waren Menschenköpfe aufgespießt, nur auf dem letzten nicht. «Guten Tag, Großmutter!» – «Guten Tag, Iwan Zarewitsch! Weshalb bist du gekommen? Aus freiem Willen oder aus Not?» – «Ich will bei dir dienen und dafür sollst du mir ein Heldenroß geben.» – «Wie du wünschst, Zarewitsch! Du brauchst bei mir kein ganzes Jahr, sondern nur drei Tage zu dienen; wenn du meine Stuten gut hütest, bekommst du von mir das Heldenroß, wenn nicht, dann bist du selber schuld, und dein Kopf wird auf den letzten Pfahl gespießt.» Iwan Zarewitsch willigte ein; die Baba Jaga gab ihm zu essen und zu trinken und schickte ihn dann an die Arbeit. Kaum hatte er die Stuten ins Feld getrieben, da stellten sie ihre Schweife auf und verstreuten sich über die Wiesen; sie verschwanden schneller, als er ihnen mit dem Blick folgen konnte. Da weinte Iwan Zarewitsch, setzte sich auf einen Stein, grämte sich und schlief ein. Die Sonne ging bereits unter, als der nie gesehene Vogel geflogen kam und ihn weckte: «Wach auf, Iwan Zarewitsch! Die Stuten sind schon im Stall.» Iwan Zarewitsch erhob sich und ging nach Hause; da hörte er, wie die Baba Jaga mit ihren Stuten zürnte und schimpfte: «Warum seid ihr nach Hause gekommen?» – «Was konnten wir anderes tun? Vögel aus aller Welt kamen herbeigeflogen und haben uns beinahe die Augen ausgepickt.» – «Dann müßt ihr euch morgen nicht mehr über die Wiesen verstreuen, sondern in dem dunklen Wald verstecken.»

In der Nacht schlief Iwan Zarewitsch fest; am Morgen sagte die Baba Jaga: «Nimm dich in acht, Zarewitsch, wenn dir auch nur eine einzige Stute verlorengeht, kommt dein Kopf auf den Pfahl!» Iwan

Zarewitsch trieb die Stuten ins Freie; sogleich stellten sie ihre Schweife auf, liefen in den dunklen Wald und verschwanden im Dickicht. Abermals setzte sich der Zarewitsch auf einen Stein, weinte, grämte sich und schlief schließlich ein. Die Sonne ging hinter dem Wald unter, als die Löwin herbeigelaufen kam: «Wach auf, Iwan Zarewitsch! Die Stuten sind schon im Stall.» Iwan Zarewitsch erhob sich und ging nach Hause; die Baba Jaga war noch zorniger und schrie ihre Stuten an: «Warum seid ihr nach Hause gekommen?» – «Was konnten wir anderes tun? Wilde Tiere aus aller Welt kamen herbeigelaufen und haben uns beinahe zerfleischt.» – «Nun, dann müßt ihr morgen in dem blauen Meer untertauchen.»

Iwan Zarewitsch legte sich abermals zur Ruhe und schlief ein; am nächsten Morgen schickte ihn die Baba Jaga die Stuten hüten: «Wenn du auch nur eine verlierst, kommt dein Kopf auf den Pfahl.» Er trieb die Stuten ins Feld hinaus; sofort hoben sie ihre Schweife, stürmten davon und sprangen in das blaue Meer; dort blieben sie stehen, bis zum Halse im Wasser. Iwan Zarewitsch setzte sich auf einen Stein, weinte und schlief ein. Die Sonne ging hinter dem Wald unter, als ein Bienchen geflogen kam und sprach: «Wach auf, Zarewitsch, die Stuten sind alle im Stall; wenn du nach Hause kommst, darfst du der Baba Jaga nicht vor die Augen treten, sondern mußt dich unbemerkt in den Pferdestall schleichen und dich hinter der Krippe verstecken. Dort liegt im Mist ein räudiges Fohlen; nimm es und mach dich um Mitternacht davon.»

Iwan Zarewitsch erhob sich, schlich unbemerkt in den Pferdestall und versteckte sich hinter der Krippe.

Die Baba Jaga zankte und schimpfte mit ihren Stuten: «Warum seid ihr nach Hause gekommen?» – «Was konnten wir anderes tun? Bienen aus aller Welt schwärmten herbei und haben uns überall blutig gestochen!»

Die Baba Jaga schlief ein, und genau um Mitternacht holte Iwan Zarewitsch das räudige Fohlen aus dem Stall, sattelte es und ritt zu dem Feuerfluß. Als er am Ufer angelangt war, schwenkte er dreimal das Tüchlein nach rechts – plötzlich, woher auch immer, wölbte sich eine herrliche hohe Brücke über den Fluß. Iwan Zarewitsch ritt über die Brücke, auf das andere Ufer und schwenkte dort das Tüchlein nach links, aber nur zweimal – die Brücke blieb, aber nun war sie hauchdünn! Am nächsten Morgen wachte die Baba Jaga auf – das räudige Fohlen war fort. Sie machte sich sofort auf den Weg und verfolgter Iwan Zarewitsch; so schnell sie konnte, flog sie in ihrem eisernen Mörser dahin, trieb ihn mit dem Stößel an und wischte die Spur mit dem Ofenbesen aus. Sie kam bis zu dem Feuerfluß, sah die Brücke und dachte: «Die Brücke ist gut!» Als sie mitten auf der Brücke war, stürzte die Brücke ein, und die Baba Jaga plumpste in den Fluß. Dort fand sie ein schreckliches Ende! Iwan Zarewitsch ließ sein Fohlen auf grünen Wiesen weiden; und aus dem Fohlen wurde ein wunderbares Pferd.

Iwan Zarewitsch ritt zu Marja Morewna zurück; sie kam ihm entgegengelaufen und warf sich ihm an die Brust: «Wie war es möglich, daß Gott dich auferstehen ließ?» – «So und so war es», erzählte er. «Komm mit mir!» – «Ich fürchte mich, Iwan Zarewitsch! Wenn Kostschej uns einholt, wird er dich wieder zerstückeln.» – «Nein, er wird uns nicht einholen! Jetzt habe ich ein prächtiges Heldenroß, es fliegt wie ein Vogel durch die Lüfte.» Sie saßen auf und ritten davon. Als Kostschej am Abend nach Hause ritt, strauchelte sein Pferd bei jedem Tritt. «Du strauchelst, hungrige Mähre, oder witterst du Unheil?» – «Iwan Zarewitsch war hier, er hat Marja Morewna geholt.» – «Können wir sie einholen?» – «Gott mag es wissen! Jetzt hat Iwan Zarewitsch ein Roß, das besser ist, als ich es bin.» – «Nein, das kann ich nicht dulden», sagte Kostschej. «Ich reite ihm nach.» Ob es lange währte oder kurz – er holte Iwan Zarewitsch ein, saß ab und schwang schon seinen scharfen Säbel; aber das Pferd von Iwan Zarewitsch schlug mit großer Macht gegen Kostschej aus und zertrümmerte ihm den Schädel, und Iwan Zarewitsch machte ihm mit seiner Keule den Garaus. Darauf schichtete Iwan Zarewitsch einen Holzstoß auf, zündete ihn an, verbrannte Kostschej und streute seine Asche in den Wind. Marja Morewna stieg auf das Pferd von Kostschej, Iwan Zarewitsch auf das seine, und sie ritten zuerst zu dem Raben, dann zu dem Adler und schließlich zu dem Falken. Wohin sie auch kamen, überall wurden sie mit großer Freude empfangen. «Ach, Iwan Zarewitsch, wir hofften nicht mehr, dich jemals wiederzusehen. Aber deine Mühe war nicht umsonst. Solch eine Schönheit wie Marja Morewna findet man nicht zum zweiten Mal auf der ganzen Welt.» Überall blieben sie eine Weile zu Gast, feierten und ritten schließlich in ihr Reich zurück; sie kamen wohlbehalten dort an, lebten herrlich und in Freuden, das Gute mehrte sich und der Met ging nie aus.

Die Perle, die bei Nacht strahlt

Chinesisches Märchen

Fern von hier, im Östlichen Meer, lebte der Drachenkönig, und der hatte eine schöne und kluge Tochter. Bis zu ihrem achtzehnten Lebensjahr machte sie ihm viel Freude, doch kaum war das Mädchen achtzehn Jahre alt, begann sie dem Vater Sorgen zu bereiten. Der Drachenkönig wollte einen Bräutigam für sie suchen, doch die Tochter hatte es sich in den Kopf gesetzt, nicht zu heiraten. Der eine dünkte ihr zu dünn, der andere wieder zu dick, der dritte zu dumm, und so ging das immerfort.

Einmal sagte der Vater, der nicht mehr wußte, was er tun sollte: «Meine vielgeliebte Tochter, sag mir, was für einen Bräutigam du dir eigentlich wünschst?»

«Ich mag weder einen Reichen noch einen Beamten, ich will einen redlichen und tapferen Burschen», sagte die Tochter und errötete leicht.

Der Drachenkönig gebot also seinen Ratgebern, nach einem geeigneten Bräutigam für seine Tochter Ausschau zu halten. Es kam der General Krabbe, doch der Tochter gefiel er nicht, es kam die Meisterin Schildkröte, um sie mit jemandem zu verkuppeln, doch die Prinzessin schüttelte immer wieder den Kopf, bis eines Tages der General Krebs herbeigeschwommen kam und sagte, er hätte nun einen Bräutigam gefunden. Es war Ah-örl, ein Waisenknabe, der in der nahen Bucht wohnte und zwar arm war, doch ein goldenes Herz haben sollte und nichts in der Welt fürchtete.

Dem Drachenkönig sagte dieser Bräutigam nicht sehr zu. Er ließ die Königstochter zu sich kommen und sprach zu ihr: «Mein Kind, mir will dein Bräutigam nicht sehr gefallen. Wer weiß, wie es wirklich mit seiner Tapferkeit bestellt ist, und dann, er entstammt nicht der Wassersippe und paßt nicht zu uns.»

Doch die Tochter hatte es sich in den Kopf gesetzt und wollte nur ihn. Sogleich schloß sie sich in ihren Gemächern ein, verließ sie nie und trauerte und weinte nur, bis im Meer noch mehr Wasser war als jemals zuvor.

Der Drachenvater war mit seiner Weisheit am Ende. Er rief seine Getreuesten zu sich und beriet lange mit ihnen, bis General Krebs einen Vorschlag machte.

In dieser Nacht erschien Ah-örl, der mit seinem Bruder in der nahen Bucht lebte, im Traume ein weißhaariger Greis.

«Ah-örl», sprach dieser, «geh an das Ufer des Flusses, deine Braut erwartet dich dort.»

Ah-örl erwachte und erzählte seinem Bruder von dem seltsamen Traum. Doch sein älterer Bruder neidete ihm die Erscheinung und sprach: «Was fällt dir denn ein? Wie könnte dich eine Braut erwarten? Du bist doch so arm, daß dich keine nehmen würde. Schlaf nur weiter.»

Ah-örl schlief ein, und darauf hatte sein Bruder nur gewartet. Er stand auf, schlich leise aus der Hütte und lief schnurstracks ans Ufer des Flusses. Ah-örl erwachte, blickte, tastete um sich, suchte seinen Bruder, doch der war nicht da. Wieder fiel ihm sein seltsamer Traum ein, es ließ ihm keine Ruhe, und er lief zum Fluß. Und obwohl er spät aufgebrochen war, kam er zusammen mit seinem Bruder dort an.

Der Fluß war ruhig, über seinen Wasserspiegel ergoß sich weit und breit ein silberner Schein. Hoch oben am Himmel hing der goldene, runde Mond. In den plätschernden Wellen saß da eine wunderschöne Jungfrau, und die unruhigen Wellen spielten mit ihrem langen Haar.

«Schöne Jungfrau, willst du mich zum Manne nehmen?» fragte Ah-örl schüchtern.

«Nein, nein, nimm mich», rief der ältere Bruder.

«Ich nehme jenen, der mir die Perle bringt, die bei Nacht strahlt», sagte das Mädchen.

«Und wo ist diese Perle?» fragten die beiden Brüder ungeduldig.

«Diese Perle befindet sich im Palast meines Vaters, des mächtigen Drachenkönigs», sagte das Mädchen. «Ich gebe jedem von euch eine Nadel, die euch helfen wird, die Meereswogen zu beruhigen.»

Mit diesen Worten nahm sie zwei silberne Nadeln vom Kopf, reichte jedem der Brüder eine und tauchte in den Fluten unter.

Die Brüder verneigten sich vor der Drachenprinzessin und brachen auf. Der ältere lieh sich vom Nachbarn ein schnelles Pferd und machte sich im Galopp auf den Weg zum Östlichen Meer. Ah-örl setzte seinen Strohhut auf, zog seine Bastschuhe an und schritt den Fluß entlang gegen Osten.

Das Östliche Meer des Drachenkönigs ist weit und der Weg zu ihm beschwerlich und mühsam. Viele Tage verstrichen, bis der ältere Bruder schließlich in ein Dorf gelangte, das ganz unter Wasser stand.

«Was ist hier geschehen?» fragte er.

«Vor zehn Tagen kam ein schreckliches Hochwasser über uns, und seit damals steigen die Fluten ununterbrochen», jammerten die Dorfbewohner «Wir werden elend zugrunde gehen, das ist sicher. Nur ein einziges Ding könnte uns retten, das ist der Goldene Kürbis aus dem Palast des Drachenkönigs.»

«Ich bin gerade unterwegs zum Drachenkönig», sagte der ältere Bruder stolz, «und ich werde euch diesen Kürbis bringen.»

Einige Zeit später kam Ah-örl in das Dorf. Als er erfuhr, welch Unglück die Leute ereilt hatte, versprach auch er, ihnen den Goldenen Kürbis zu bringen, und setzte seinen Weg fort. Nach langer Zeit gelangte er zum Meer. Doch was war das? Sein Bruder, der vor ihm losgeritten war, stand am Ufer und blickte entsetzt auf die tobende See, wo eine Woge die andere verschlang.

«Hab keine Angst», sagte Ah-örl zu seinem Bruder und warf die Nadel ins Wasser, die er von der Drachenprinzessin bekommen hatte.

Im Augenblick, da die Nadel die Wogen berührte, glättete sich das Meer, und beiden Brüdern tat sich der Weg ins Wasserkönigreich auf. Im Palast erwartete sie bereits der Drachenkönig. Beide Brüder trugen ihm ihre Bitte vor.

«Ich weiß, weshalb ihr gekommen seid», sagte der König, «und ich erfülle euren Wunsch, doch wisset, daß unser Gesetz des Wassers gebietet, daß ein Sterblicher von hier lediglich einen einzigen Schatz forttragen darf.»

Mit diesen Worten führte er sie in seine Schatzkammer. Beide Brüder blickten sich ganz verzückt um. So eine Pracht hatten sie ihr Leben lang noch nie gesehen. Die Wände waren mit den allerkostbarsten Edelsteinen ausgelegt, die Zimmerdecke war aus Gold, auf dem Fußboden lag ein Teppich aus Nephrit, wohin das Auge auch schaute, alles glitzerte und funkelte, und inmitten dieser Pracht und Schätze leuchtete mit hellem Schein das kostbarste aller Juwele – die Perle, die bei Nacht strahlt.

Ah-örl betrachtete sie, erinnerte sich an die schöne Drachenprinzessin, und sein Herz krampfte sich zusammen. Nein, er konnte diese Perle nicht nehmen, warteten doch fern im überschwemmten Dorf die Dorfbewohner auf ihn. Ah-örl trat schnell vor und griff nach dem Goldenen Kürbis.

«Gestatte, daß ich diesen Kürbis nehme, mächtiger König», flüsterte er.

Im gleichen Augenblick stürzte sein Bruder auf die Perle zu, ergriff sie und gab sie nicht mehr her.

«Behaltet eure Schätze, vielleicht bringen sie euch Glück», sagte der Drachenkönig und lächelte bei diesen Worten ganz sonderbar.

Dann geleitete er die beiden Brüder aus dem Palast.

Als sie am Ufer standen, schwang sich der ältere Bruder aufs Pferd und galoppierte zurück. Er kam in das überschwemmte Dorf, und da umringten ihn die unglücklichen Dorfbewohner.

«Den Goldenen Kürbis!» riefen sie. «Bringst du uns den Goldenen Kürbis?»

«Nein», antwortete der ältere Bruder düster, «der Drachenkönig wollte ihn nicht hergeben.»

Und wieder trieb er sein Pferd zum Galopp an.

Währenddessen ging Ah-örl lange, er ging viele Tage und Nächte, bis eines Tages vor seinen Blicken das überschwemmte Dorf auftauchte.

«Freunde», rief er von weitem, «ich bringe euch

den Kürbis, ich bringe euch den Goldenen Kürbis vom Drachenkönig!»

Dann bückte er sich und schöpfte den Kürbis voll Wasser. Und welch Wunder! Das Wasser begann zurückzugehen, es sank und verschwand, bis es ganz verschwunden war. Die Dankbarkeit der Dorfbewohner kannte keine Grenzen.

«Wie sollen wir dir das danken, guter Jüngling», riefen die Menschen mit Tränen in den Augen, «wir haben nichts, das Wasser hat alles vernichtet.»

Da bemerkte jemand, daß im Schlamm eine Muschel lag. Er öffnete sie, und in der Muschel befand sich eine schmutzige, schwarze Perle.

«Junger Mann, wir haben nichts, womit wir uns dir erkenntlich zeigen könnten, doch nimm von uns als Andenken wenigstens die Perle», sagten die Dorfbewohner.

Ah-örl nahm die Perle, dankte und machte sich auf den Heimweg.

‹So eine häßliche Perle würde die Drachenprinzessin bestimmt nicht wollen›, sagte er sich im Geiste bekümmert, aber dennoch erwärmte das Gefühl, ein gutes Werk vollbracht zu haben, sein Herz.

Inzwischen war der ältere Bruder zu der Bucht gelangt, verneigte sich tief vor der Drachenjungfrau und sagte: «Ich bringe dir die Perle, die bei Nacht strahlt. Werde mein Weib.»

«Komm am Abend», sagte die Prinzessin, «nur die Nacht selbst wird entscheiden, ob das die echte Perle ist oder nicht.»

Am Abend kam der ältere Bruder zur Bucht. Doch was sah er da? Die Perle, diese helle, strahlende Perle, sie strahlte jetzt überhaupt nicht.

«Du hast mir nicht die echte Perle gebracht», sagte die Drachenprinzessin.

«Das ist unmöglich», rief der ältere Bruder ärgerlich und nahm die Perle selbst in die Hand.

Da zersprang die Perle, und in der Hand hielt er nichts als ein wenig trübes Wasser.

Einige Tage später gelangte Ah-örl zu der Bucht.

«Sei mir nicht böse, Drachenprinzessin», sprach er, «doch ich konnte dir die Perle nicht bringen, die du haben wolltest.»

«Und was hast du da in deinem Ranzen?» fragte neugierig die Drachenprinzessin.

«Ach, das ist nichts», winkte Ah-örl mit der Hand ab. «Das ist eine ganz gewöhnliche Perle, ich habe sie unterwegs von Leuten bekommen.»

«Gib sie mir», sagte die Prinzessin, nahm die Perle und legte sie auf ihren Handteller.

Und da mußte Ah-örl die Augen schließen. Nein, das war keine gewöhnliche Perle, diese hier strahlte wie der Mond am Himmel. Ein silbriger Glanz drang aus der Perle und ergoß sich weit und breit über den Wasserspiegel.

Die Drachenprinzessin warf die Perle hoch, hoch in die Luft. Ah-örl blickte wie verzaubert empor, er traute seinen Augen nicht. Über ihren Köpfen schwebte ein Märchenpalast, und auf seinem Dach prangte die helle, funkelnde Perle, als leuchtete sie ihnen auf den Weg.

Die Drachenprinzessin nahm den sprachlosen Ah-örl an der Hand und sagte: «Siehe, es ist dein gutes und tapferes Herz, das da strahlt!»

Und sie führte ihn in den Palast hoch oben in den Lüften.

Eine Samodiva versorgt weder Haus noch Kind

Bulgarisches Märchen

Ein junger Hirte hütete auf einer Lichtung Schafe. Er spielte auf seiner Hirtenflöte und gab acht, daß sie auch gut weideten. Im Wald gab es einen Fluß. Als die Schafe genug geweidet hatten, trieb er sie zum Fluß, um sie zu tränken. Am Fluß sah er, wie sich darin drei schöne Mädchen badeten. Sie waren so schön, wie er sie nie gesehen und gehört hatte. Er sah ihnen zu, wie sie im Wasser spielten und lachten, ohne daß sie ihn bemerkten. Er konnte die Augen nicht von ihnen wenden, schlich ganz leise heran und nahm den Mädchen die Kleider weg, damit sie nicht nach Hause gehen konnten. Gerade, als er sie weggenommen hatte, um sie zu verstekken, sahen sie ihn und begannen zu jammern, er soll ihnen doch die Kleider lassen.

«Ich werde sie euch nicht lassen, macht was ihr wollt!» – antwortete der Hirt. «Ich werde euch nur dann die Kleider wiedergeben, wenn eine von euch mich zum Manne nimmt.»

«Wie könnte eine von uns dich zum Manne nehmen? – Wir kennen dich nicht», erwiderten die Mädchen. «Gib uns unsere Kleider, daß wir sie anziehen und uns kennenlernen, dann magst du dir eine von uns aussuchen.»

«Sowie ich euch die Kleider gebe, werdet ihr fliehen», sagte der Hirt. «Ich werde sie euch nicht eher geben, bis nicht eine von euch mich zum Manne nehmen will.»

Schließlich sagte eines von den Mädchen: «Höre, Hirt! Wir sind nicht wie andere Mädchen, wir sorgen weder für Haus noch Kind. Unser Leben ist anders, es ist leichter als das eurer Frauen. Gib uns die Kleider und komme nie wieder an diesen Ort. Hast du nie gehört, daß es ein Samodiven-Ort ist?»

«Ich weiß, daß es ein Samodiven-Ort ist und daß ihr Samodiven seid, doch glaubte ich nie, daß ihr so schön sein könntet. Seitdem ich euch gesehen habe, will ich eine von euch.»

Da sprach die mittlere Schwester: «Wenn du willst, daß wir uns versöhnen, dann laß uns eine Wette eingehen. Du wirst uns die Kleider geben, wir werden sie anziehen und aus dem Fluß steigen, du aber sollst auf deiner Flöte spielen, und wir wollen tanzen. Übertriffst du uns aber im Spielen, sollst du eine von uns, welche du willst, haben; übertreffen wir dich, so sollst du mit uns kommen und uns, so lange du lebst, auf deiner Flöte spielen.»

Dem Hirten gefielen die Mädchen sehr, so daß er gar nicht weiter dachte, was aus dieser Wette werden könne. Er gab ihnen die Kleider und begann, seine Flöte zu richten. Sobald sich aber die Mädchen angezogen hatten, flogen sie davon – denn die Samodiven hatten Flügel und konnten wie Vögel fliegen. Der Hirte suchte hier und dort, doch von den Mädchen war keine Spur. Da wurde er sehr traurig, er hatte nichts weiteres zu tun, trieb seine Schafe weiter und war den ganzen Tag nachdenklich. Am nächsten Tag trieb er die Schafe an denselben Ort, kroch durch das Gebüsch heran und sah im Fluß nur eines der Mädchen. Da schlich er ganz leise heran, nahm ihm die Kleider weg und begann, auf seiner

Flöte zu spielen. Die Samodiva blickte sich um und sagte: «Ich bitte dich, Hirte, gib mir meine Kleider zurück, daß ich sie anziehe.»

«Ich werde sie dir nicht geben», erwiderte der Hirte, «ich will, daß du mich zum Manne nimmst.»

«Nimm mich nicht», erwiderte die Samodiva. «Wir sorgen weder für Haus noch Kind. Laß mich zu meinen Schwestern gehen.» – «Ich werde dich nicht gehen lassen, und kämen auch alle Samodiven», antwortete er. «Du bist schön und gefällst mir, und ich bin kein schlechter Mensch.»

Der Hirte stand auf, ging nach Hause und sagte seiner Mutter, er hätte eine Braut gefunden und wolle ihr die neuen Kleider bringen, damit sie sie anziehe. Seine Mutter gab sie ihm und begann zu kochen, um die Schwiegertochter zu empfangen. Sie fragte den Sohn nicht, was es für ein Mädchen sei und woher er es kenne.

Der Hirte brachte dem Mädchen die Kleider, legte sie am Flußufer nieder, drehte ihr den Rücken zu, damit sie sich ankleide, und begann auf seiner Flöte zu spielen.

Die Samodiva stieg aus dem Wasser, kleidete sich an und begann zu tanzen. Der Hirte spielte, sie tanzte, sie tanzte den ganzen Tag bis zum Abend. Als der Mond aufgegangen war, ermüdete sie vom Tanzen und sagte zu dem Hirten: «Du hast mich im Spielen übertroffen, und ich werde deine Frau sein. Willst du aber, daß wir uns nie trennen, so darfst du mir niemals meine Kleider geben.»

«Ich will sie gleich in den Fluß werfen, damit er sie ins Meer treibe.»

«Wenn du meine Kleider in den Fluß wirfst, werden meine Schwestern sie finden und sie mir bringen, denn sobald ich sie wiederhabe, kehre ich zu uns zurück.»

«Ich werde sie irgendwo in die Erde eingraben, und du wirst nicht wissen, wo sie sind.»

«Wenn du sie eingräbst, muß ich sterben. Wir Samodiven lieben nicht die schwarze Erde. Uns gib das Wasser, den Wald, das Gras und den Himmel. Die Erde ist für uns das Grab, sie nährt und tränkt uns nicht.»

Der Hirte überlegte, wo er die Kleider verstecken könne, dann nahm er das Mädchen und führte es nach Hause. Als seine Mutter es sah, erschrak sie über seine Schönheit: Die Samodiva war gertenschlank, von hohem Wuchs, hatte ein weißes Gesicht, schwarze Augen, langes, blondes, wie ein Vlies dickes Haar. Nachdem sie zu der Schwiegermutter gekommen war, begann sie sich zu regen und aufzuräumen, und das ganze Haus leuchtete von ihr. Da freuten sich die Schwiegermutter und ihr Sohn, und Glücklichere als sie gab es nicht. Der Hirte machte eine Truhe, versteckte darin die Kleider der Samodiva, verschloß sie und trug den Schlüssel immer bei sich.

So lebten sie ein Jahr, und die Samodiva gebar ein Kind. Da riefen sie einen Paten, um es zu taufen, wie es Brauch war. Als der Pate angekommen war, tauften sie das Kind, aßen und tranken, tanzten und sangen. Da sagte der Pate: «Nun, spiele auf deiner Flöte, damit es dir gleicht und auf der Flöte spielt wie du und das ganze Haus erfreut.»

Der Hirte begann sogleich zu spielen, da man einem Paten, so will es der Brauch, nicht absagen kann. Er spielte, und wärest du auch tot, du würdest aufstehen und tanzen.

Als er spielte, sagte der Pate zu der Samodiva: «Nun, Frau, steh auf und tanze; dein erstes Kind taufst du, und tanze, damit es dir gleicht und tanzt wie du tanzt.»

Die Samodiva stand auf, vermochte aber nicht einen Schritt zu tun. Der Schäfer sah das und wurde traurig, denn er wußte, wie sie tanzt. Da schloß er die Truhe auf und gab ihr das Samodivenkleid, daß sie es anziehe. Als die Samodiva ihr Kleid angelegt hatte, begann sie den Samodivenreigen zu tanzen. Da wunderten sich alle, groß und klein, über diesen Reigen. Sie tanzte, daß das Haus erzitterte, sie wand sich, tanzte und tanzte, ohne die Erde zu berühren. Nachdem sie müde geworden war, hielt sie an, ging zu ihrem Kind, küßte es und sagte zu ihrem Mann: «Mann, bis hier war ich deine Frau und deinem Kind eine Mutter. Von jetzt an werde ich nicht mehr bei euch sein.»

Sobald sie diese Worte gesprochen hatte, flog sie durch das Fenster. Der Hirte aber warf seine Flöte weg, lief ihr nach und rief: «Komm zurück zu uns, komm zurück, wem läßt du das Kind? Tut es dir nicht leid um uns?»

«Nicht wahr, ich sagte dir, daß eine Samodiva weder Haus noch Kind versorgt. Sei nicht böse, und such dir eine andere Frau. Ich werde kommen und nach dem Kind sehen, du aber wirst nie mehr von mir hören, mich auch nicht sehen. Lasse mir jeden Samstag einen frischen Brotlaib und eine Schale mit Honig, denn so lange ich davon esse, wirst du wissen, daß ich lebe. Sobald ich aber den Brotlaib und den Honig nicht mehr esse, wirst du wissen, daß ich gestorben bin und du sollst nicht über mich trauern.»

Die Samodiva flog fort, und niemand hat sie je gesehen, noch von ihr gehört. Sowie die Schwiegermutter aus dem Hause war, kam sie und sah nach dem Kind, nährte es, badete es, doch sowie sie jemanden kommen sah, flog sie durch den Rauchfang. Jeden Samstag backte die Schwiegermutter einen Brotlaib und tat Honig in eine Schüssel, und jeden Samstag kam die Samodiva und aß alles. Nachdem das Kind herangewachsen und verheiratet war, kam die Samodiva nie wieder. Ihr Mann heiratete kein zweites Mal, weil er keine schönere Frau, als sie es war, finden konnte.

Draga Lunei, der Held vom Mond

Rumänisches Märchen

Es war einmal wie keinmal, da lebte in einer Waldschlucht der Berge ein Einsiedler. Er war alt geworden und so reinen Gemütes geblieben, daß weder die Zähne des Wolfs noch die Tatzen des Bären ihn berührten und Fuchs und Reh sich verneigten, wenn sie ihm begegneten.

Dieser Einsiedler ging eines Abends, als eben der Mond hervorkam, zum Fluß, um Wasser zu schöpfen. Da hörte er den Schrei eines Kindes. Er schaute umher und sah, wie auf den Wellen ein gut verteertes Schilfkörbchen tanzte. Schnell verrichtete er ein Gebet, stieg dann ins Wasser und zog das Körbchen heraus. Er öffnete es und fand ein Knäblein, das aufhörte zu weinen, sobald er es in die Arme nahm. Da erhob er seine Augen zum Himmel und rief aus: «Jetzt wird meinem Alter die Freude beschert! Du bist gottgesandt, mein Sohn, auch wenn du vom Mond kommst, und ich will dein Vater sein und dich Mondlieb nennen, Draga Lunei!»

Er trug das Kind heim in seine Hütte, aber hier fiel ihm ein, daß er es nicht mit Kräutern und Wurzeln nähren konnte. Heiße Tränen stürzten ihm über die Wangen. Er sank in die Knie und bat das Mütterchen Gottes inbrünstig um ein Wunder. Da brach vor seinen Augen aus dem harten Felsgrund der Klause ein Rebstock hervor, trieb Blatt um Blatt und rankte sich bis zum Dach hinauf. Zwischen dem Laub hatte es Trauben, einige reif und andere überreif, einige noch säuerlich und einige noch versteckt in der

Blüte. Der Einsiedler pflückte eine Beere und schob sie dem Kind in den Mund, und als es sie aß, dankte er Gott und seiner Mutter mit lauter Stimme. Jetzt waren seine Sorgen vorbei.

Die wunderbare Rebe trug Trauben zur Sommers- und Winterszeit, und Draga Lunei wurde davon groß und stark. Je kräftiger aber der Knabe heranwuchs, desto müder bückte sich der Einsiedler zur Erde. Eines Morgens rief er den Sohn zu sich und sprach: «Höre, mein Kind, in vier Tagen ist meine Zeit abgelaufen und ich beginne den Schlaf der Ewigkeit zu schlafen. Dann wird ein Löwe erscheinen, um mein Grab zu graben. Du lege meinen Leib hinein und streue Erde darauf. Wenn du mich aber begraben hast, so steige auf den Dachboden und suche, bis du einen Zaum findest. Nimm ihn und schüttle ihn kräftig. Dann wird ein Pferd bei dir sein, und alles, was du wissen mußt, wird das Pferd wissen.»

Wie der Einsiedler sagte, so geschah es. Am vierten Tag schloß er die Augen, und hinaus war er aus der Schar der Lebendigen. Der Löwe kam und grub sein Grab. Der Knabe senkte den Leichnam hinab und streute Erde darauf. Dann wehklagte er auf dem Grabhügel drei Tage und drei Nächte lang, aber am vierten Morgen klopfte der Hunger bei ihm an und sagte ihm, daß er noch unter den Lebendigen weile. Er stand auf und ging zu seiner Rebe. Aber was war das? Seine Rebe war vertrocknet und dürr! Jetzt erinnerte er sich der Worte seines Vaters und schwang sich auf den Dachboden hinauf. Er suchte den Zaum und fand ihn, nahm ihn in die Hände und schüttelte ihn kräftig.

Aber wie erschrak er, als plötzlich ein Flügelpferd

vor ihm stand, das ungeduldig stampfte und ausrief: «Was befiehlst du, Herr? Ich gehorche!»

«Was soll ich befehlen?» antwortete der Knabe, «mein Mund ist nur da, um zu weinen, denn der Vater ist hinaus aus der Schar der Lebendigen.»

Da gebot das Pferd: «Dein Platz, Herr, ist nicht unter den Geschöpfen der Wildnis, darum trage ich dich fort zu Menschen und Häusern.»

Jetzt wunderte sich Mondlieb: «Wie, gibt es noch andere Wesen, die sind wie der Vater und ich? Warum kamen sie nie zu uns in die Berge hinauf?»

«Weil es an dir ist, sie aufzusuchen.»

«Dann, liebes Pferd, laß uns schnell, schnell sie aufsuchen.»

«Nackt, wie du bist, müßtest du dich schämen. Paß auf!» Und das Pferd bewegte seine Ohren und schüttelte, hast du nicht gesehen, Kleider und einen bunten Gürtel hervor. Weil Draga Lunei nicht wußte, was damit beginnen, zeigte es ihm, wie man sich anzieht. Dann rief es: «Wohlan, Herr, auf meinen Rücken!»

Sechs Flügel breitete es aus, erhob sich, und rascher als der Gedanke trug es den Knaben über Berge und Täler und wieder hinab in eine Stadt. Hier liefen die Menschen wie die Ameisen dahin und dorthin, und immer beeilten sie sich, als wäre der Jäger hinter ihnen her. Draga Lunei fürchtete sich vor ihnen, aber das Pferd beschwichtigte ihn: «Jeder ihrer Schritte hat sein Ziel und jedes ihrer Dinge seinen Platz und seine Ordnung», belehrte es ihn.

Als Mondlieb die Geschäfte der Menschen begriff, als sei er dabei gewesen, seit die Welt steht, packte ihn das Pferd wieder auf. Jetzt trug es ihn ins Blau des Himmels hinauf, trug ihn immer höher, trug ihn immer weiter, bis hinauf zum Palast der drei Wolkenfrauen. «Hier schau, daß sie dich zum Diener annehmen», befahl es.

Die Wolkenfrauen hatten gerade keinen Diener nötig. Weil sich Mondlieb aber so artig aufs Bitten verlegte, stellten sie ihn gleichwohl ein, und weil sein Blick hell und seine Hand flink war, gewannen sie ihn lieb. Als er seinen Dienst immer besser versah, zeigte ihm das Pferd inmitten des Palastes ein Bad. Dort floß einmal im Jahre statt des Wassers flüssiges Gold.

«An welchem Tag es geschieht», sprach das Pferd, «weiß niemand voraus, aber der Goldstrom kündet sich an durch Brausen und Tosen. Wer dann das Glück hat und als Erster eintaucht in das goldene Bad, dessen Haupthaar wird lauteres Gold. Du bist's, der Erster sein soll dieses Jahr! Und wenn du gebadet hast, suche, bis du drei Nüsse findest. Nimm sie, es sind drei Kleider darin. Das erste zeigt dir ein Feld voller Blumen, das zweite den Himmel mit seinen Sternen, das dritte aber die Sonne auf der Brust, den Mond auf dem Rücken und Morgen- und Abendstern auf beiden Schultern. Wenn du die Nüsse gefunden hast, schüttle den Zaum.» Draga Lunei hörte mit allen Ohren zu und verlor nicht ein Wort seines Pferdes aus dem Sinn.

Nicht lange danach fuhren die Wolkenfrauen weg zu einem Fest. «Wir sind in der Nachbarschaft», sprachen sie zu ihrem Diener, «wenn im Bade ein Brausen und Tosen beginnt, so decke auf dem Dach eine Schindel ab, dann sehen wir es und kehren eilig zurück.»

Er aber behielt nur im Kopf, was sein Pferd gesagt hatte, und als es im Bade zu brausen und tosen begann, badete er. Er tauchte ein in den Goldstrom, und als er wieder hinausstieg, erstrahlte sein Haupthaar in lauterem Gold. Jetzt suchte er die drei Nüsse, und als er sie gefunden hatte, schüttelte er den Zaum. «Auf meinen Rücken!» befahl das Roß und breitete seine Flügel aus.

Als es aber über die Schwelle setzte mit seinem Reiter, begann der ganze Palast zu beben und zu dröhnen, und das grollende Donnern drang bis zu den drei Wolkenfrauen auf dem Fest. Eilig brachen sie auf und kehrten nach Hause zurück.

Als sie sahen, daß das Gold schon geflossen und ihr Diener mit den drei Kleidern entflohen war, verfolgten sie ihn. Aber gerade als sie ihn packen wollten, hatte er ihre Grenze überflogen. Da riefen sie: «Zeige uns doch wenigstens noch dein Haar!»

Er ließ es über den Rücken fallen, und es erstrahlte so hell, daß ihnen die Augen überliefen. «Gehe in Frieden», sprachen sie zu ihm, «so schönes Haar haben selbst wir noch nie gesehen. Wir verzeihen dir, und die drei Kleider sollen der Lohn sein für deinen Dienst.»

Wieder flog das Flügelroß über Berge und Täler, immer weiter, immer weiter, bis es sich niederließ im Reich des Blauen Kaisers. Hier setzte es den Knaben ab. Was tat jetzt Mondlieb? Er ging und kaufte sich eine Rindsblase, zog sie über die Ohren und verbarg darunter sein Goldhaar. Dann begab er sich zu des Kaisers Gärtner und sprach: «Willst du erlauben, daß ich als Lehrling über deine Schwelle trete?» Der Gärtner brauchte gerade keinen Lehrling, aber weil Draga Lunei seine ganze Kraft in die Bitte legte, nahm er ihn gleichwohl an. Er mußte Wasser tragen und lernen, wie man die Bäume vom Ungeziefer säubert und die Blumenbeete von Unkraut und Raupen rein hält.

Der Blaue Kaiser aber hatte drei Töchter, die waren groß geworden, ohne daß der Erhabene in der Hast seiner Geschäfte es bemerkt hatte. Lieber heut schon als morgen wären sie im Schmuck der Brautkrone zur Kirche gegangen. Aber durften sie diesen Wunsch ihrem Vater verraten? Nimmermehr! Sie beschlossen daher, ihm ein Zeichen zu geben. Sie gingen zum Lehrling des Gärtners und sprachen: «Führe uns zum Melonenbeet!»

Im Melonenbeet pflückte sich jede eine Frucht und stellte sie bei Tisch auf goldenem Teller vor den Erhabenen hin. Der Kaiser stutzte und berief seine Räte. «Was bedeutet dieses Gebaren meiner Kinder?» fragte er sie.

Da trat der Älteste ein wenig vor, und wie er sah, daß die eine der Melonen eben reif wurde, die andere einen herrlichen Duft ausströmte und die dritte vor Saft und Süße fast überfloß, sagte er: «Erkenne in diesen Früchten, o Erhabener, die Reife deiner Töchter. Ist es nicht Zeit, sie einem Gatten ins Haus zu geben?»

Der Kaiser griff sich an den Kopf. Wie konnte er so vergeßlich sein? Noch am gleichen Tag schickte er Herolde aus und ließ verkünden, daß er seine Töchter verheiraten wolle.

Da kamen die Freier aus allen Ecken der Welt, und als die Älteste denjenigen gewählt hatte, der ihr am schönsten erschien, wurde die Hochzeit gefeiert.

Nachher gaben der Kaiser und seine Getreuen mit allen Höflingen und Knechten dem Paar das Geleit, und nur die jüngste Prinzessin blieb im Palast zurück.

Als Draga Lunei sah, daß auch der Gärtner fort war, zog er das Kleid mit dem Feld voller Blumen an, schwang sich aufs Roß und riß die Rindsblase herunter, so daß sein Haar auf den Rücken fiel. Im Schmuck seines Goldhaars und des Kleides mit dem Feld voller Blumen galoppierte er kreuz und quer durch den Garten, bis alle Saaten eins waren mit dem Erdreich. Als er seine Lust gesättigt hatte, stieg er ab. Er hüllte sich in die Fetzen des Gärtnergewandes, stülpte die Rindsblase über den Kopf und begann herzurichten, was er zerstört hatte. «Was hast du getan, du Verwegener?» schalt der Gärtner, als er heimkam.

Aber die jüngste Kaiserstochter hatte von ihrem Fenster aus alles gesehen, und als der Meister schalt, rief sie ihn zu sich und verlangte Blumen von ihm. Mühsam suchte er einige zusammen und brachte sie ihr, sie aber gab ihm eine ganze Handvoll Münzen dafür und sprach. «Verzeihe deinem Lehrling, denn er hat keine Schuld.» Da machte er sich an die Arbeit, und in drei Wochen war der Garten noch schöner als zuvor.

Die zweite Kaiserstochter suchte sich auch einen Prinzen aus, und der Vater verheiratete sie. Dann gab er mit seinen Getreuen, allen Höflingen und Knechten dem Paar das Geleit, und nur die jüngste Prinzessin blieb im Palaste zurück.

Als Draga Lunei sah, daß er allein war, zog er das Kleid mit dem Himmel und seinen Sternen an, schwang sich aufs Roß und riß die Rindsblase herunter. Im Schmuck seines Goldhaars und des Kleides mit dem Himmel und seinen Sternen stürmte er kreuz und quer durch den Garten und ruhte nicht, bis jede Erdscholle auf dem Rücken lag. Als er seine Lust gesättigt hatte, stieg er ab. Er hüllte sich in die Fetzen des Gärtnergewands, stülpte die Rindsblase über den Kopf und begann herzurichten, was er zerstört hatte.

Der Gärtner schlug die Hände über dem Kopf zusammen, als er heimkam. Aber die Prinzessin stand am Fenster und verlangte Blumen von ihm. Er brachte nur ein kleines, zerzaustes Sträußchen zusammen, sie aber gab ihm zwei Handvoll Münzen dafür und sprach: «Zürne deinem Lehrling nicht, denn er hat keine Schuld.» Da machte er sich an die Arbeit, und in fünf Wochen war der Garten noch schöner als zuvor.

Jetzt ging der Kaiser auf die Hirschjagd. Aber plötzlich stürzte sich ein Rudel Hochwild auf sein Pferd, und wenn der Reitknecht nicht rasch herbeigesprungen wäre, hätte es ihm den Lebensfaden zerrissen. Da gab er zum Dank für seine Errettung im Walde ein Festmahl, und alle Getreuen, Höflinge und Knechte gingen in den Wald hinaus. Nur die jüngste Prinzessin blieb im Palaste zurück.

Als Draga Lunei sah, daß er allein war, zog er das Kleid mit der Sonne auf der Brust, dem Mond auf dem Rücken und Morgen- und Abendstern auf beiden Schultern an, riß die Rindsblase herunter und schwang sich aufs Roß. Im Schmuck seines Goldhaares und im Kleid mit der Sonne auf der Brust, dem Mond auf dem Rücken und Morgen- und

Abendstern auf beiden Schultern sprengte er wie ein Sturmwind durch den Garten und ruhte nicht, bis Blatt und Blume zerstampft waren. Dann stieg er ab und zog wieder den Knechtskittel an, verbarg seine Haare unter der Rindsblase und begann herzurichten, was er zerstört hatte.

Diesmal wollte der Gärtner ihn schlagen, als er heimkam, aber die Prinzessin stand am Fenster und verlangte Blumen von ihm. Nach langem Suchen fand er eine einzige, sie aber gab ihm drei Handvoll Münzen dafür und sprach: «Lege nicht Hand an deinen Lehrling, denn er hat keine Schuld.»

Da machte er sich an die Arbeit, und in sieben Wochen war der Garten noch schöner als zuvor. Aber von diesem Tage an war die Kaiserstochter traurig, und da der Vater es sich zu Herzen nahm, beschloß er, sie zu verheiraten.

Nun strömten aus aller Herren Länder die Helden herbei und warben um sie. Ihr aber gefiel kein einziger. Da gab der älteste Ratgeber dem Kaiser den Rat, vor dem Palast eine Brücke zu errichten und darauf einen Pavillon. Dort solle die Prinzessin Platz nehmen und in der Hand einen goldenen Apfel halten. «Dann lasse alle Freier unter der Brücke hindurchgehen, und welchem sie den goldenen Apfel zuwirft, dem gib sie zur Frau.»

Der Erhabene befolgte den Rat, aber die Prinzessin warf keinem den goldenen Apfel zu. «Sie will nicht heiraten», sprach der älteste Ratgeber. Aber ein anderer, der schon viele Reisen gemacht hatte und die Welt kannte, erwiderte: «Es soll auch das Gesinde unter der Brücke hindurchgehen.»

Da gingen sie hindurch, die großen und kleinen

Diener, der Aufseher, der Koch, der Gärtner, der Kutscher, und ganz zuletzt der Gärtnerlehrling. Der sträubte sich und wollte nicht, bis er gezwungen wurde, aber siehe da, jetzt hob die Prinzessin Blick und Hand und traf mit dem goldenen Apfel den Gärtnerjungen. Er schützte mit beiden Händen seinen Kopf, schrie, der Kopf breche entzwei, und floh davon.

Der Kaiser rieb sich die Augen und dachte, die Augen hätten ihn getäuscht. «Stellt den Zug nochmals auf», befahl er den Ratgebern. Da schritten sie nochmals hindurch, zuerst die Kaisers- und Bojarensöhne, dann die Höflinge, Diener und Knechte, und die Prinzessin rührte sich nicht. Aber als der Gärtnerjunge kam, hob sie Blick und Hand und traf ihn mit dem goldenen Apfel an den Kopf.

Schamrot nahm der Kaiser sein Wort nochmals zurück und ließ den Zug zum dritten Mal aufstellen. Als aber seine Tochter zum dritten Mal mit dem goldenen Apfel den Gärtnerjungen traf, gab er sie diesem zur Frau. Er sprach zu Draga Lunei: «Du kannst mein Wasserträger sein, aber meine Tochter soll mit dir in der schlechtesten Hütte zuhinterst im Gesindehof leben.»

So geschah es, und Knechte und Mägde hatten ihr Gespött mit dem neuen Paar, das in den Gesindehof zog. So armselig ihre Hütte aber von außen erschien, so reich und prächtig hatte das Flügelpferd sie inwendig geschmückt. Nicht einmal im Palast waren die Marmorsteine so glatt und die Teppiche so weich.

Die Kaisers- und Bojarensöhne, die von der Prinzessin verschmäht worden waren, wollten sich rächen, und sie rüsteten zum Krieg. Es betrübte den Blauen Kaiser, aber was konnte er tun? Er mußte sein Volk ebenfalls zu den Waffen rufen. Die kaiserlichen Schwiegersöhne standen ihm bei, und auch der Wasserträger wollte ausziehen in den Kampf. Der Erhabene verschmähte jedoch seine Hilfe, und erst als ihn seine Tochter unter Tränen darum bat, erlaubte er, daß Draga Lunei dem Heere zwei Wasserschläuche nachtrug. Man gab ihm eine hinkende Stallmähre, aber als er langsam voraustrottete, sank sie im Morast ein, und er versuchte umsonst, sie bald am Kopf, bald am Schwanz, bald an den Beinen wieder herauszuziehen aus dem Schlamm. Der Kaiser an der Spitze des Heeres überholte ihn, und die kaiserlichen Schwiegersöhne lachten ihn aus.

Als jedoch der letzte Kriegsmann vorbei war, rief Draga Lunei sein Flügelroß, zog das Kleid mit dem Feld voller Blumen aus der Nuß und ließ sein Goldhaar über den Rücken fallen. So sprengte er auf einen Hügel und schaute auf das Gewoge der Schlacht hinab. Als er den Kaiser im Gedränge sah, stürzte er sich mitten hinein, schlug links und rechts um sich und jagte die Feinde in die Flucht. Dann sprengte er wieder zum Hügel hinauf. Der Erhabene glaubte, es sei ein Engel, der im Blau des Himmels wieder verschwinde, und er dankte Gott für seine Hilfe mit lauter Stimme.

Auf dem Heimweg begegnete er dem Wasserträger, der mühte sich immer noch ab mit der hinkenden Stallmähre. «Helft ihr ihm aus dem Schlamm heraus», befahl er mitleidig seinem Gefolge.

Der Friede war nur von kurzer Dauer. Die verschmähten Freier scharten sich abermals zusammen, und der Kaiser mußte ihnen an der Spitze seines Heeres die Stirn bieten. Seine Schwiegersöhne ritten ihm zur Rechten und zur Linken, aber der Wasserträger durfte erst mit, als seine Gattin inständig darum gebeten hatte. Wieder trottete er auf der hinkenden Mähre langsam voraus, blieb stecken im Schlamm des Straßengrabens und wurde von seinen Schwägern verlacht und verhöhnt. Aber als der letzte Kriegsmann vorbei war, rief er sein Flügelroß, zog das Kleid mit dem Himmel und seinen Sternen aus der Nuß und ließ sein Goldhaar über den Rücken fallen. Dann sprengte er auf den Hügel. Die Feinde hatten schon die Übermacht, und erst als der Held im Goldhaar sich ins Getümmel warf, wichen sie zurück. Jetzt sandte der Kaiser ein heißes Dankgebet zum Himmel. Als er auf dem Heimweg seinem Wasserträger begegnete, der die alte Mähre nicht aus dem Morast herausbrachte, erweichte sich sein Herz. «Zieht sie heraus und füttert sie am Abend mit Gerste», befahl er seinem Gefolge.

Diesmal dauerte der Friede etwas länger, aber zuletzt fielen die verschmähten Freier doch wieder über die Grenze des Kaiserreiches herein. Vor Betrübnis weinte der Blaue Kaiser, daß ihm fast die Augen ausflossen, aber es half nichts, er mußte seine Getreuen zum dritten Mal zum Kriege aufrufen. Seine Schwiegersöhne ritten zu seiner Rechten und Linken, und sein Wasserträger bestieg die müde Mähre, blieb im Straßengraben stecken und wurde von seinen Schwägern verspottet und verhöhnt.

Als aber der letzte Kriegsmann vorbei war, rief Draga Lunei sein Flügelroß, zog das Kleid mit der Sonne auf der Brust, dem Mond auf dem Rücken und Morgen- und Abendstern auf beiden Schultern aus der Nuß und ließ sein Goldhaar über den Rücken fallen. Er sprengte auf den Hügel und schaute auf das Gewoge der Schlacht. Pauken und Trompeten feuerten die Helden auf beiden Seiten zur Tapferkeit an. Der Kaiser und seine Getreuen kämpften mutig, aber mit ihrer Kraft ging es zu Ende, und der Feind hätte sie überwältigt, wäre nicht wiederum in der größten Not der Held im Goldhaar erschienen. Wie ein Blitz fuhr er von der Höhe des Hügels herab, und die Feinde wurden vom Glanz seiner Haare und seines Kleides so geblendet, daß er sie niedermähte wie Unkraut. Aber auch ihn selber traf ein Hieb, und über seine Rechte strömte Blut. Da löste der Kaiser seine Schärpe und verband die Wunde seines Erretters damit. Der stürmte hügelaufwärts davon.

Auf dem Heimweg kam das Heer am Wasserträger vorbei. Er mühte sich mit der hinkenden Stallmähre ab und brachte sie nicht aus dem Straßengraben heraus. Der Kaiser erbarmte sich seiner und befahl dem Gefolge: «Helft den beiden heraus und schickt dem Wasserträger am Abend auch ein paar Bissen von unserem Festmahl.»

Bei Tisch sprach der Erhabene immer und immer wieder von dem strahlenden Engel, der ihm nun in drei Schlachten zu Hilfe gekommen sei. «Er glänzte und leuchtete wie lauteres Gold. Auf die Sonne hättet ihr schauen können, aber auf ihn? Nein!»

Bei diesen Worten kam plötzlich eine Schwäche über ihn, und soweit er seine Augen auch aufriß, er sah nichts mehr als nächtliches Dunkel. Alle Ratgeber standen um ihn herum, aber keiner konnte ihn von seiner Erblindung heilen. Da schlummerte er ein und träumte, daß ein alter Mann zu ihm trete und sage: «Milch von der roten Wildziege, die über den Felsgrat hüpft, die bringt dir das Augenlicht zurück.»

«Nichts leichter als dies!» prahlten die kaiserlichen Schwiegersöhne, als sie es hörten. «Sei guten Muts, Vater, Milch von der roten Wildziege, die über den Felsgrat hüpft, die bringen wir dir!»

Sie machten sich auf den Weg, und für den Wasserträger, der ihnen helfen wollte, hatten sie nur Spott und Hohn.

Aber Draga Lunei rief sein Flügelroß, und es trug ihn im Augenblick hinauf in die Berge, wo über den Felsgrat die rote Wildziege hüpft. Er lockte ein Tierchen heran, molk es und verbarg die Milch im Bausch seines Gewandes. Dann ging er zu einem Schafhirten, bat um ein Schüsselchen Schafsmilch und borgte sich von ihm auch den Pelzkittel aus. Im Pelzkittel des Schafhirten trat er seinen Schwägern entgegen, als sie den Berg hinankeuchten. «Was hast du hier, Vetter?» redeten die Stolzen ihn an, und er gab zur Antwort: «Ich habe gehört, was der Kaiser geträumt hat, und ich bin in die Felsen hinaufgestiegen, um eine rote Wildziege zu melken.»

«Schnell, Vetter Schäfer, schnell gib uns die Milch, hier hast du Münzen!»

«Für Münzen gebe ich sie nicht. Aber wenn ihr meine Knechte sein wollt und auf euren Rücken mein Herrschaftsmal duldet, so könnt ihr sie haben.»

Die Hochmütigen dachten, das Herrschaftsmal eines so geringen Schäfers achte niemand. Sie ließen zu, daß Mondlieb ihre Rücken zeichnete, und trugen das Schüsselchen Schafsmilch nach Hause. Wie dankte ihnen der Erhabene, der glaubte, Milch von der roten Wildziege zu empfangen! Voller Hoffnung trank er ein wenig und benetzte seine Augen damit, aber o Jammer, kein Schimmer von Helligkeit drang in seine Finsternis ein.

Da nahte sich seine jüngste Tochter und bat ihn, nun auch diese Milch zu versuchen, die ihr Gatte aus den Bergen heimgebracht habe. Zuerst verschmähte er sie, aber als die Tochter ihm weinend zu Füßen sank, nahm er ein Schlücklein und träufelte ein paar Tropfen auf die Augen. O Freude, jetzt sah er schon wie durch ein Mehlsieb hindurch! Er trank noch ein wenig, und sah wie durch ein Kornsieb hindurch! Dann nahm er einen großen Schluck und salbte beide Augen – und jetzt sah er die Herrlichkeit der Welt so klar, wie damals, als seine Mutter ihn geschaffen hatte!

«Kommt alle und feiert ein Dankfest mit mir!» rief er aus, und an diesem Abend durfte auch der Wasserträger dabei sein und Platz nehmen zuunterst an der Tafel. Als die Freude auf ihrem Gipfel war, erhob sich jedoch Draga Lunei. Er verneigte sich vor dem Kaiser und bat ihn mit Anstand, ihm zu verzeihen, wenn er hier rede. Dann fuhr er fort: «Kann es sein, o Erhabener, daß einer zu Tisch sitzt mit seinen leibeigenen Knechten?»

«Mitnichten, mein Sohn, dies kann nimmermehr sein.»

«Dann, Hocherhabener, heiße die Schwiegersöhne zu deiner Rechten und Linken aufstehen von ihren Stühlen, denn es sind meine Knechte. Betrachte nur ihre Rücken.»

Mit Entsetzen nahm der Kaiser auf den Rücken seiner Schwiegersöhne die Knechtsstempel wahr, und sie mußten aufstehen von ihren Stühlen. Dann zog der Wasserträger die kaiserliche Schärpe hervor. Aber jetzt zürnte der Erhabene und frug: «Wo hast du sie her? Ich gab diese Schärpe dem Engel, der mich in drei Schlachten vom Tod errettete.»

«Mir gabst du sie, Vater, und deine eigenen Augen sollen dir die Wahrheit sagen.»

Bei diesen Worten warf Draga Lunei die armseligen Gewandfetzen von sich und riß die Rindsblase ab. Im Schmucke des Goldhaars, das auf den Rücken fiel, und im Kleid mit der Sonne auf der Brust, dem Mond auf dem Rücken und Morgen- und Abendstern auf beiden Schultern stand er mitten im Saal.

Der Blaue Kaiser mußte seine Augen schützen, er fürchtete, sonst wieder zu erblinden von dem Glanz. Dann aber rief er aus: «Wahr und wahrhaftig, du bist der Engel, den Gott mir gesandt hat in der größten Gefahr!»

Er stand auf, durchmaß den Saal und den Palasthof und holte aus der Hütte zuhinterst im Gesindehof seine Tochter hervor. An seinem kaiserlichen Arm führte er sie durch die Höfe und in den Palast, und auf dem ganzen Weg hörte er nicht auf, sie zu loben für ihre kluge Gattenwahl. Dann veranstaltete er zu Ehren seines Erretters ein Fest, das sieben Tage und sieben Nächte lang dauerte.

Bevor aber die Musikanten zum Tanze aufspielten, wusch Draga Lunei seinen Schwägern das Knechtsmal ab mit dem Rest der Milch von der roten Wildziege, die über den Felsgrat hüpft.

Drauf hab ich mich in den Sattel geschwungen
Und das Märchen von Mondlieb euch vorgesungen.

Gefährten

Norwegisches Märchen

Es war einmal ein Bauernjunge, der träumte, er würde eine Königstochter bekommen in einem fernen Lande. Sie war so weiß und rot wie Milch und Blut und so reich, daß ihr Reichtum nie zu Ende gehen konnte. Als er erwachte, erschien es ihm, als stünde sie noch licht und leibhaftig vor ihm. So lieblich und fein dünkte sie ihn, daß er nicht mehr leben wollte, ohne sie zu bekommen. Er verkaufte alles, was er besaß, und zog in die Welt hinaus, um sie zu suchen.

Er ging lange und länger als lang, und im Winter kam er in ein Land, da gingen alle Landstraßen gradaus, und keine machte einen Bogen. Als er ein viertel Jahr so gewandert war, kam er zu einer Stadt. Vor der Kirchentür lag ein großer Eisklumpen mit einer Leiche darin, und alle Kirchgänger, die da vorbeigingen, spuckten darauf. Der Bauernjunge wunderte sich darüber, und als der Pfarrer aus der Kirche kam, fragte er ihn, was das zu bedeuten hätte.

«Das ist ein großer Missetäter», sagte der Pfarrer, «er ist verdammt wegen seiner gottlosen Schuld und dort zu Spott und Hohn aufgestellt.»

«Was hat er denn verbrochen», fragte der Junge.

«Hier im Leben war er Weinzapfer», sagte der Pfarrer, «und er mischte Wein mit Wasser.»

Das schien dem Jungen keine so schreckliche Tat zu sein, und da er mit dem Leben bezahlt hatte, hätten sie ihn doch ruhig in christlicher Erde begraben können, daß er nach dem Tode Frieden fände.

«Nein», sagte der Pfarrer, «das geht nicht so ohne weiteres, denn da müßte jemand ihn erst einmal aus dem Eis heraustauen, dann müßte Geld da sein, um Christenerde bei der Kirche zu kaufen, der Totengräber müßte bezahlt werden für das Grab, der Glöckner müßte bezahlt werden für das Läuten und Singen und der Pfarrer für das Erdeaufwerfen. Glaubst du, da findet sich jemand, der das alles bezahlen will für einen verdammten Sünder?» fragte er.

Ja, sagte der Junge, wenn er nur erreichen könne, daß der Sünder in die Erde käme, würde er außerdem noch Bier für den Leichenschmaus bezahlen von dem wenigen, was er hatte. Der Pfarrer wollte zuerst nicht, aber als er sah, daß der Junge wiederkam mit zwei Mann, die seine Weigerung hören sollten, antwortete er, nun könne er es ihm nicht mehr abschlagen. Und so wurde der Weinzapfer aus dem Eisklumpen getaut und in christliche Erde gelegt, es wurde dazu geläutet und gesungen, und der Pfarrer warf Erde auf ihn, sie tranken Bier und weinten und lachten miteinander.

Aber als der Junge auch das Bier bezahlt hatte, fand sich nicht mehr viel Geld in seiner Tasche.

Er machte sich wieder auf den Weg, aber er war noch nicht weit gegangen, da kam ein Mann hinter ihm her, der fragte ihn, ob es denn nicht langweilig sei, so allein zu gehen.

Nein, das schiene ihm nicht so zu sein, denn er hätte immer genug zu denken, sagte er. Aber er könne doch vielleicht einen Diener gebrauchen, fragte der Mann.

«Nein», sagte der Junge, «ich werde mein eigener

Diener sein müssen, ob ich will oder nicht, denn ich habe kein Geld für Kost und Lohn.»

«Einen Diener brauchst du, das weiß ich besser als du», sagte der Mann, «und zwar brauchst du einen Diener, der mit dir durch dick und dünn geht. Und wenn du mich nicht als Diener haben willst, so nimm mich als Gefährten. Ich verspreche dir, daß ich dir nützlich sein werde, und das soll dich keinen Schilling kosten. Ich werde mich selbst verköstigen, und um meine Kleider brauchst du dich auch nicht zu kümmern.»

Ja, unter dieser Bedingung wollte er ihn gern als Gefährten haben. Seit dem Tag reisten sie zusammen, und meistens ging der Mann voran und zeigte ihm den Weg.

Als sie lange durch ferne Länder über Berge und Hügel gewandert waren, kamen sie an einen Querberg. Da klopfte der Gefährte an und bat, daß ihnen aufgetan würde. Der Berg tat sich auf, und als sie tiefer in ihn hinein gingen, kam ein Trollweib auf sie zu mit einem Stuhl. «Bitte schön, setze dich nieder, du wirst müde sein», sagte sie.

«Sitz selbst!» sagte der Gefährte.

Da mußte sie sich niedersetzen und auf dem Stuhl sitzen bleiben, denn der Stuhl war so beschaffen, daß er denjenigen, der sich ihm näherte, nicht mehr frei gab.

Nun gingen die beiden überall im Berg umher, der Gefährte sah sich um, bis er ein Schwert entdeckte, welches über der Tür hing. Das wolle er haben, und wenn er es bekäme, so versprach er dem Trollweib, würde er sie von dem Stuhl befreien.

«Nein», schrie sie, «um alles andere kannst du

mich bitten, aber nicht um dieses, denn das ist mein Dreischwesternschwert!» Es waren drei Schwestern, denen es zusammen gehörte.

«Ja, so mußt du eben da sitzen bleiben bis zum Weltende», sagte der Mann.

Aber als sie das hörte, sagte sie, er könne es bekommen, wenn er sie nur lösen wolle.

Da nahm er das Schwert und ging mit ihm fort und ließ sie trotzdem sitzen.

Als sie weitergewandert waren über nackte Felsen und weite Hügel, kamen sie wieder an einen Querberg, da klopfte der Gefährte an und gebot aufzuschließen. Es geschah wie das erste Mal: der Berg tat sich vor ihnen auf, und als sie ein Stück hineingegangen waren, trat ihnen ein Trollweib mit einem Stuhl entgegen und bat sie niederzusitzen, denn sie würden wohl müde sein.

«Sitz selbst!» sagte der Gefährte, und es erging ihr wie ihrer Schwester, sie konnte nicht anders, sobald sie auf dem Stuhl saß, mußte sie sitzen bleiben. Überall ging der Junge mit seinem Gefährten umher, und der Gefährte schloß alle Schränke und Truhen auf, bis er fand, wonach er suchte: das war ein Goldknäuel. Das wollte er endlich haben. Er versprach dem Trollweib, wenn sie ihm das geben würde, wolle er sie vom Stuhl befreien.

Sie schrie, er könne alles bekommen, was sie besäße, aber das wolle sie nicht hergeben, denn das sei ihr Dreischwesternknäuel. Aber als sie hörte, daß sie da sitzen bleiben müsse bis zum Jüngsten Gericht, wenn er es nicht bekäme, so sagte sie, er könne es trotzdem nehmen, wenn sie nur vom Stuhl frei käme. Der Gefährte nahm es und ließ sie sitzen, wo sie saß.

Viele Tage gingen sie nun wieder über Hügel und durch Wälder, bis sie wieder an einen Querberg kamen. Da ging es genau so wie bei den beiden anderen. Der Gefährte pochte an, der Berg tat sich auf, und innen im Berg kam ein Trollweib mit einem Stuhl und bot ihnen an, sich zu setzen, denn sie seien gewiß müde. Aber der Gefährte sagte: «Sitz selbst!» und so saß sie da. Sie waren noch nicht durch viele Räume gegangen, als sie einen alten Hut entdeckten, welcher an einem Haken hinter der Tür hing. Den wollte der Gefährte haben, aber das alte Weib wollte ihn nicht hergeben, denn das sei der Dreischwesternhut, und wenn sie den fortgeben würde, so würde sie ganz unglücklich werden. Aber als sie hörte, sie müsse da sitzen bleiben bis zum Weltenende, wenn er den Hut nicht bekäme, sagte sie, er könne ihn nehmen, wenn sie nur loskäme. Als der Gefährte nun den Hut bekommen hatte, gebot er ihr, da sitzen zu bleiben, wo sie saß, genau wie ihre Schwestern.

Nach einiger Zeit kamen sie zu einem Sund. Da nahm der Gefährte das Goldknäuel und warf es so kräftig gegen den Berg auf der anderen Seite des Sundes, daß es wieder zurücksprang, und als er es so einigemale geworfen hatte, wurde eine Brücke daraus. Da konnten sie hinüber gelangen. Und als sie auf der anderen Seite angekommen waren, bat der Mann den Jungen, das Knäuel wieder aufzuwickeln, so schnell er könne. «Denn wenn wir das nicht schnell tun, so kommen die drei Trollweiber und reißen uns in Stükke», sagte er. Der Junge wickelte, so schnell er konnte, und als nur noch das letzte Fadenende drüben war, kamen die Trollweiber angefaucht. Sie flogen zum

Wasser, daß ein Nebel ihnen voranstob, und griffen nach dem Fadenende. Aber es gelang ihnen nicht, es zu ergreifen, und so ertranken sie im Sund.

Als sie noch einige Tage weitergegangen waren, sagte der Gefährte: «Nun kommen wir bald zu dem Schloß, wo sie ist, die Königstochter, von der du geträumt hast. Und wenn wir dort sind, mußt du hinein zum König gehen und ihm erzählen, was du geträumt hast und warum du hergekommen bist.» Als sie zum Schloß kamen, tat der Junge wie ihm der Gefährte geraten hatte, und er wurde gut empfangen. Er bekam ein Zimmer für sich und eins für seinen Diener, den er bei sich hatte. Und als es Zeit zum Essen wurde, bat man ihn zu Mittag an des Königs eigenen Tisch.

Sowie er die Königstochter erblickte, erkannte er sie sofort wieder. Ja, sie war es, von der er geträumt hatte, daß er sie bekommen sollte. Er warb um sie, und sie antwortete ihm, daß sie ihn wohl liebe und daß sie ihn gerne nehmen wolle, aber erst müsse er drei Proben bestehen. Als sie gegessen hatten, gab sie ihm eine goldene Schere und sagte ihm: «Die erste Probe besteht darin, daß du diese Schere nehmen und bewahren sollst. Morgen mittag sollst du sie mir zurückgeben. Das ist keine schwere Probe, kannst du mir glauben», sagte sie. «Wenn du es aber nicht kannst, so verlierst du dein Leben, das ist hier Gesetz. Du wirst gerichtet und aufs Rad geflochten, und der Kopf wird auf eine Stange gesteckt, genau so wie die Köpfe der anderen Freier, die du draußen vorm Fenster siehst.» Da hingen Männerköpfe rund um den Königshof, wie Krähen im Herbst auf den Stangen des Gitters sitzen.

Das ist keine Kunst, dachte der Junge. Aber die Königstochter war so lustig und wild und schäkerte mit ihm, daß er sich selbst und die Schere vergaß. Und während sie tobte und tollte, listete sie ihm die Schere ab, ohne daß er es merkte. Als er am Abend hinauf zur Kammer kam und erzählte, wie alles gegangen war, und er von der Schere berichtete, die er verwahren sollte, fragte der Gefährte: «Du hast doch die Schere, die sie dir gab?» Er suchte danach in all seinen Taschen, aber da war keine Schere, und dem Jungen wurde schlimm zumute, als ihm klar wurde, daß sie weg war. «Gedulde dich nur, ich will versuchen, sie dir wieder zu beschaffen», sagte der Gefährte und ging hinunter zum Stall. Dort stand ein großer, dicker Stallbock, welcher der Königstochter gehörte. Der konnte viel schneller durch die Luft fliegen, als auf der Erde gehen. Der Gefährte nahm das Dreischwesternschwert und schlug ihn damit zwischen die Hörner und sagte: «Wann reitet die Königstochter zu ihrem Liebsten diese Nacht?» Der Bock blökte und sagte, das dürfe er nicht verraten. Aber als er noch einen Schlag bekam, sagte er, daß die Königstochter um elf kommen wolle. Der Gefährte setzte den Dreischwesternhut auf, so daß er unsichtbar wurde, und wartete bis sie kam. Sie bestrich den Bock mit einer Salbe, die sie in einem großen Horn hatte, und flüsterte dazu: «Durch die Lüfte, durch die Lüfte über Dachfirste und Kirchtürme, über Land und Wasser, über Berg und Tal, zu meinem Liebsten, der erwartet mich im Berg diese Nacht.» Im selben Augenblick, als der Bock davonsprang, schwang der Gefährte sich mit hintendrauf, und dahin gings wie ein Sturmwind. Sie waren noch nicht lange unterwegs, als sie an einen Querberg kamen. Da klopfte sie an, und sie wurden hineingetragen in den Berg zu dem Troll, welcher ihr Liebster war.

«Nun ist ein neuer Freier gekommen, der mich haben will, mein lieber Freund», sagte die Königstochter. «Er ist jung und schön, aber ich will keinen anderen haben als dich», sagte sie und schmeichelte ihm. «So stellte ich ihn auf die Probe, und hier ist die Schere, die er gut verwahren sollte. Nun gib du acht auf sie.» Dann lachten sie beide so übermütig zusammen, als ob sie den Jungen schon auf Rad und Stange hätten.

«Ja, ich will sie verwahren und ich will auf sie achtgeben und ich will schlafen in den Armen meiner Braut, während die Raben des Jungen Gedärme zerhacken», rief der Troll und legte die Schere in einen eisernen Schrein mit drei Schlössern davor. Aber im selben Augenblick, als er die Schere losließ, nahm der Gefährte sie an sich, niemand konnte ihn sehen, denn er hatte den Dreischwesternhut auf, und so verschloß der Troll den Schrein wieder für gar nichts. Den Schlüssel aber verwahrte er im Loch einer seiner Backenzähne, wo er allerhand Zauberkram drin hatte. Das solle dem Burschen schwerfallen, die zu finden, meinte er.

Als es Mitternacht geschlagen hatte, reiste die Königstochter wieder heim. Der Gefährte setzte sich auf den Bock hinter sie, und so dauerte der Heimweg nicht lange.

Zu Mittag wurde der Junge an des Königs Tisch gebeten, und da hatte die Königstochter so müde Gebärden, und so stolz und abweisend war sie, daß sie kaum noch hinschaute auf die Seite, wo der Jüngling saß.

Als sie gespeist hatten, setzte sie eine Feiertagsmiene auf, war seelenvergnügt und sagte: «Hast du vielleicht die Schere, die ich dir gestern zur Verwahrung gab?»

«Ja, ich habe sie, hier ist sie», sagte der Junge, zog sie hervor und stieß sie in den Tisch, daß der Tisch nur so wackelte. Der Königstochter hätte nicht schlimmer zumute sein können, wenn er ihr die Schere ins Angesicht geschlagen hätte. Aber sie schmeichelte ihm, tat freundlich und sagte: «Wenn du so gut auf die Schere aufgepaßt hast, kann es nicht schwer für dich sein, mein Goldknäuel zu verwahren, so daß du es mir morgen mittag wiedergeben kannst. Vermagst du es aber nicht, so wirst du das Leben verlieren. Das ist Gesetz.»

Das sei keine gefährliche Sache, meinte der Junge, nahm das Goldknäuel und steckte es in die Tasche. Aber sie begann zu spaßen und zu schäkern mit ihm, so daß er sich selbst und das Goldknäuel vergaß, und während sie tobte und am allermeisten tollte, stahl sie ihm das Goldknäuel aus der Tasche und ließ ihn gehen.

Als er in die Kammer hinaufkam und erzählte, was sie gesprochen und getan hatten, fragte der Gefährte: «Du hast doch das Goldknäuel, das sie dir gab?»

«Ja, das habe ich», sagte der Jüngling und griff in seine Tasche, wo er es hineingesteckt hatte. Aber nein, er hatte kein Goldknäuel mehr, und es wurde ihm schlimm zumute, weil er nicht wußte, was er machen sollte.

«Habe nur Geduld», sagte der Gefährte, «ich will versuchen, es wiederzubekommen.» Er nahm Schwert und Hut und ging zu einem Schmied und ließ zwölf Pfund Eisen auf sein Schwert schlagen.

Als er in den Stall kam, gab er dem Bock einen Schlag zwischen die Hörner, daß er taumelte, und fragte ihn: «Wann reitet die Königstochter zu ihrem Liebsten heute nacht?»

«Glock zwölf», blökte der Bock.

Der Gefährte setzte sich wieder den Dreischwesternhut auf und wartete auf sie, bis sie eilig mit dem Salbhorn hereinkam, den Bock schmierte und wie das erste Mal sprach: «Durch die Lüfte, durch die Lüfte, über Dachfirste und Kirchtürme, über Land und Wasser, über Berg und Tal, zu meinem Liebsten, der mich erwartet im Berg heute nacht.» Im selben Augenblick, als der Bock davonsprang, schwang sich der Gefährte hintendrauf und fort gings wie ein Sturmwind. Sie kamen auch richtig bei dem Trollberg an, und als sie drei Schläge getan hatte, fuhren sie hinein zum Troll, der ihr Liebster war.

«Wie hast du die Goldschere verwahrt, die ich dir gestern gab, mein Freund», sagte die Königstochter. «Der Freier hatte sie und gab sie mir zurück», sagte sie.

Das sei reiner Unsinn, sagte der Troll, denn er hätte sie in einen Schrein verschlossen mit drei Schlössern und den Schlüssel versteckt im Loch seines Backenzahnes. Aber als er aufschloß und nachsah, war keine Schere im Schrein.

Nun erzählte die Königstochter, daß sie dem Freier ihr Goldknäuel gegeben hatte. «Hier ist es», sagte sie, «ich nahm es ihm wieder weg, ohne daß er es merkte. Aber was sollen wir mit ihm anfangen, wenn er sich auf solche Künste versteht?»

Ja, der Troll wußte es auch nicht recht. Als er eine Weile nachgedacht hatte, meinte er, sie könnten doch ein großes Feuer machen und das Goldknäuel verbrennen, so daß es niemand wieder finden könne. Kaum hatte sie das Knäuel ins Feuer geworfen, so ergriff es der Gefährte, ohne daß ihn jemand sah, denn er hatte den Dreischwesternhut auf.

Als es auf den Morgen zuging, reiste die Königstochter wieder heim. Der Gefährte setzte sich hinter sie auf den Bock, und fort gings, schnell und sicher.

Am nächsten Mittag, ehe der Jüngling wieder zur Königstafel ging, gab ihm der Gefährte das Knäuel. Beim Mahl war die Königstochter eher noch stolzer und abweisender als am Tag vorher. Und da sie gegessen hatten, verzog sie den Mund und sagte: «Schön ist es wohl nicht, daß ich heute das Goldknäuel wieder haben möchte, welches ich dir gestern zur Verwahrung gab.»

«Doch», sagte der Jüngling, «das sollst du haben, hier ist es!» Damit schlug er es auf den Tisch, daß der Tisch erzitterte und der König vom Stuhl auffuhr. Die Königstochter wurde leichenblaß, aber schnell gab sie sich wieder vergnügt und sagte: «Das hast du gut gemacht. Nun ist nur noch eine kleine Prüfung übrig. Wenn du so geschickt bist und mir das verschaffen kannst, woran ich morgen mittag denke, so sollst du mich haben», sagte sie.

Dem Jüngling war zumute, als ob er sein Todesurteil gehört hätte, denn woher sollte er wissen, woran sie dachte, und wie sollte er das herschaffen? Als er hinauf in seine Kammer kam, war es zunächst unmöglich, ihn zu trösten. Der Gefährte sagte ihm aber dann, er solle nur ruhig sein, er würde die Sache auch diesmal in Ordnung bringen, wie die beiden anderen Male auch. Endlich legte sich der Junge zu Bett, um zu schlafen.

Sogleich eilte der Gefährte zum Schmied und bekam auf sein Schwert vierundzwanzig Pfund Eisen, ging zum Stall und schlug den Bock zwischen die Hörner, so daß er von einer Wand zur anderen taumelte.

«Wann soll die Prinzessin zu ihrem Liebsten kommen heute nacht?» fragte er.

«Glock eins», brüllte der Bock.

Als die Zeit herannahte, stand der Gefährte im Stall. Er hatte den Dreischwesternhut aufgesetzt, und als die Königstochter den Bock gesalbt und ihren Spruch gesagt hatte, trug sie der Bock davon wie der Sturmwind, und der Gefährte saß hinter ihr. Aber diesmal hatte er keine leichte Hand. Er schlug die Prinzessin bald rechts, bald links, als ob er sie gesund schlagen wollte. An der Bergwand angekommen, klopfte sie an die Tür, der Berg öffnete sich, und sie fuhren hinein zu ihrem Liebsten.

Als sie bei ihm war, jammerte und klagte sie: «Das ist ein schlimmer Ritt heute gewesen. Ich weiß nicht, ob ein solch arges Hagelwetter draußen gewesen ist oder ob irgend jemand mitgeritten ist, der mich und den Bock geschlagen hat. Mein ganzer Leib ist gelb und blau.» Und dann erzählte sie, daß ihr der Freier das Goldknäuel zurückgegeben hätte. Wie das zuging, wüßte sie sich nicht zu erklären. Und der Troll wußte es auch nicht.

«Aber weißt du nun, was ich mir ausgedacht

habe», sagte sie. Nein, das konnte der Troll nicht wissen. «Ich habe ihm gesagt, er soll mir das herschaffen, woran ich morgen mittag denken werde. Das ist dein Kopf. Glaubst du, daß er dies fertigbringen wird, mein Freund», sagte die Königstochter und liebkoste den Troll.

«Das glaube ich niemals», rief der Troll und schwor darauf und brach in ein schallendes Gelächter aus wie ein junger Bursche. Und beide, der Troll und die Königstochter dachten, ehe der Freier das Haupt des Trolls herschaffen könne, würde er Rad und Stange zieren, und die Raben würden ihm die Augen aushacken.

Da es auf den Morgen zuging, mußte sie wieder heim. «Aber ich habe Angst», sagte die Königstochter zu ihrem Liebsten. «Allein getraue ich mich nicht nach Hause zu reiten, denn ich glaube, da ist jemand hinter mir. Begleite du mich auf dem Heimweg.» Er zog also seinen Bock hervor, denn er wollte zur Königstochter passen, salbte ihn auch zwischen den Hörnern, und als er aufgesessen war, schwang sich der Gefährte hinter ihn, und so wurde er mit durch die Lüfte davongetragen bis zum Königshof. Unterwegs aber schlug er Troll und Bock, gab ihnen Hieb auf Hieb und Schlag auf Schlag mit seinem Schwert, so daß der Bock mehr und mehr niedersank und beinah ins Wasser gesunken wäre, das sie überflogen. Obgleich dem Troll das Wetter sehr wüst zu sein schien, folgte er doch der Prinzessin bis zum Königshof und blieb vor der Tür stehen, um ihr Lebewohl zu sagen. Kaum hatte sie die Tür hinter sich geschlossen, schlug der Gefährte dem Troll das Haupt ab und schlich hinauf in die Kammer zu dem

Jüngling. «Hier ist das, woran die Königstochter heute mittag denken wird», sagte er.

Das war nun alles schön und gut, das kann man sich ja denken. Mittags wurde der Jüngling zu Tisch gebeten, und als sie gegessen hatten, war die Königstochter so vergnügt wie eine Lerche.

«Vielleicht hast du dasjenige, woran ich denke», sagte sie.

«Aber ja, das habe ich!» sagte der Jüngling, riß das Haupt unter seinem Mantel hervor und schlug es auf den Tisch, daß der ganze Tisch mit allem, was darauf stand, zusammenbrach. Die Königstochter wurde bleich, als ob sie schon unter der Erde liege, aber sie konnte nicht leugnen, daß es dieses war, woran sie gedacht hatte. Und nun mußte sie erfüllen, was sie versprochen hatte. So tranken sie auf die Hochzeit, und es war große Freude im ganzen Königreiche.

Doch der Gefährte zog den Jüngling beiseite und sagte zu ihm, er könne zwar die Augen schließen und so tun als ob er schlafe in der Brautnacht, aber wenn er sein Leben lieb hätte und auf ihn hören wolle, so dürfe er nicht einschlummern, bevor er sie von dem dunklen Bann befreit hätte, der auf ihr lag. Und den solle er ihr wegpeitschen mit Reisern von neun jungen Birkenbesen, den solle er ihr abreiben in drei Wannen mit Milch. In der ersten Wanne solle er sie abschrubben mit vorjähriger Molke, in der zweiten Wanne solle er sie abreiben mit Sauermilch, und in der dritten Wanne solle er sie abspülen mit süßer Milch. Die Ruten lägen unter dem Bett, und die Wannen hätte er in den Winkel gesetzt, es sei alles bereit. Ja, der Jüngling versprach, ihm zu gehorchen und alles so zu machen, wie er es gesagt hatte.

Am Abend, als sie ins Brautbett kamen, tat der Jüngling so, als ob er nun schlafen wolle. Die Königstochter stützte sich auf die Ellenbogen und sah nach ihm, ob er wohl schliefe. Sie kitzelte ihn unter der Nase, der Jüngling schien zu schlafen, sie zupfte ihn an Haar und Bart, aber er schlief wie ein Stock, glaubte sie. So zog sie unter dem Kopfkissen ein großes Schlachtermesser hervor und wollte ihm den Kopf abhacken. Aber da fuhr der Jüngling auf, schlug ihr das Messer aus der Hand und ergriff sie bei den Haaren. Er schlug sie mit den Ruten, ja, er zerpeitschte sie an ihr, daß nicht ein Zweiglein davon heil blieb. Als dies geschehen war, warf er sie in die Molkenwanne, und da bekam er zu sehen, was sie für ein Tier war. Sie war schwarz wie ein Rabe am ganzen Körper. Aber als er sie geschrubbt hatte mit Molke und sie abgerieben hatte mit Sauermilch und sie abgespült hatte mit süßer Milch, da war der schwarze Bann von ihr gewichen und sie wurde so freundlich und schön, wie sie niemals vorher gewesen war.

Am nächsten Tage sagte der Gefährte, daß sie nun abreisen müßten. Der Jüngling war reisefertig und die Königstochter auch, denn die Mitgift war seit langer Zeit schon bereit. In der Nacht holte der Gefährte all das Silber und Gold und die Kostbarkeiten, welche beim Troll im Berg waren, nach dem Königshof. Und als sie am Morgen reisen sollten, war es überall so voll im Hof, daß sie kaum vorankamen. Die Mitgift war mehr wert als des Königs Land und Reich, und sie wußten gar nicht, auf welche Weise sie es mitnehmen sollten. Aber der Gefährte wußte Rat: In der Trollhöhle waren immer noch sechs Böcke, die durch die Luft fliegen konnten. Er belud sie so tüchtig mit Gold und Silber, daß sie auf der Erde gehen mußten und sich nicht mehr in die Lüfte erheben konnten mit ihrer Last. All das, was die Böcke nicht tragen konnten, mußte im Königshof bleiben.

So reisten sie lang und länger als lang, und zum Schluß waren die Böcke so müde und erschöpft, daß sie nicht mehr länger gehen konnten. Der Jüngling und die Königstochter wußten keinen Rat. Aber der Gefährte nahm die ganze Mitgift auf den Nacken, legte die Böcke obendrauf und trug alles so weit vorwärts, daß die Heimat des Jünglings nur noch eine halbe Meile weit entfernt lag. Dann sagte er: «Nun muß ich von dir scheiden, ich kann nicht länger bei dir bleiben.» Doch der Jüngling wollte sich um alles in der Welt nicht von ihm trennen. So ging der Gefährte eine halbe Meile mit, aber weiter könne er ihm nicht folgen. Und als der Jüngling ihn bat, mit ihm nach Haus zu kommen und bei ihm zu bleiben oder doch wenigstens mit heimzukommen und das Willkommensbier bei seinem Vater zu trinken, sagte der Gefährte: «Nein, das kann ich nicht.»

Der Jüngling fragte ihn, was er dafür haben wolle, daß er mit ihm gegangen sei und ihm geholfen habe.

«Willst du mir etwas geben, so muß es die Hälfte von allem sein, was du in den nächsten fünf Jahren dein eigen nennen wirst», sagte der Gefährte. Ja, das solle er haben.

Als er fort war, ließ der Jüngling all seine Reichtümer zurück und reiste leer heim. Dort wurde das Willkommensbier getrunken, so daß man davon in sieben Königreichen sprach. Und erst als sie damit fertig waren, spannten sie die Böcke ein und die zwölf Pferde, die dem Vater gehörten, und fuhren all das Silber und Gold heim, den ganzen Winter lang.

Als fünf Jahre vergangen waren, kam der Gefährte wieder und wollte seinen Teil haben. Da hatte der Mann alles in zwei gleiche Teile geteilt.

«Aber da ist etwas, das hast du nicht geteilt», sagte der Gefährte.

«Was ist das», fragte der Mann, «ich dachte, ich hätte alles geteilt.»

«Du nennst ein Kind dein eigen», sagte der Gefährte, «das mußt du auch in zwei Teile teilen.»

Ja, auch dazu war er bereit. Er zog sein Schwert: aber kaum hatte er es erhoben, um das Kind zu teilen, ergriff der Gefährte von rückwärts die Schwertspitze, so daß er nicht zuschlagen konnte.

«Bist du nun glücklich, daß du nicht zuzuschlagen brauchtest?» fragte er.

«Ja, so glücklich war ich noch niemals», antwortete der Mann.

«Genau so glücklich war ich, als du mich aus dem Eisklumpen erlöstest», sagte der Gefährte. «Behalte alles, was du hast. Ich brauche nichts, denn ich bin ein schwebender Geist.»

Es war der Weinzapfer, welcher damals im Eisklumpen draußen vor der Kirchentür stand, den alle bespuckten. Weil der Jüngling alles hergegeben hatte, um ihm den Frieden in christlicher Erde zu verschaffen, war er des Jünglings Gefährte geworden und hatte ihm geholfen. Ein Jahr lang durfte er ihm dienen. Nach fünf Jahren durfte er ihn noch einmal wiedersehen. Aber jetzt mußten sie scheiden für alle Zeiten, denn nun läutete es nach ihm mit himmlischen Glocken.

Anmerkungen

1 *Die Kinder- und Hausmärchen der Brüder Grimm,* in ihrer Urgestalt herausgegeben von Friedrich Panzer, 1. Teil, Hamburg-Bergedorf 1948, S. 208-211.
2 Siehe dazu: Georg Kühlewind, *Die Wahrheit tun,* Stuttgart 1987.
3 Rudolf Steiner, *Grenzen der Naturerkenntnis und ihre Überwindung,* GA Bibl.-Nr. 322, Dornach [5]1981.
4 Rudolf Steiner, «Anthroposophischer Seelenkalender» (1912/13), in: *Wahrspruchworte,* GA Bibl.-Nr. 40 oder als Einzelausgabe.
5 Rudolf Steiner, *Mein Lebensgang* (1923-25), GA Bibl-Nr. 28.
6 Rudolf Steiner, *Wie erlangt man Erkenntnisse der höheren Welten?,* GA Bibl.-Nr. 10, Dornach [24]1993, S. 76.
7 Michael Bauer, *Gesammelte Werke,* hrsg. von Christoph Rau, Bd. 4, Stuttgart 1990, S. 186.
8 In: *Chinesische Volksmärchen,* Hanau/Main 71983.
9 *Deutsche Märchen seit Grimm,* Sammlung Diederichs.
10 In: *Wege ins andere Land, Serbische Volksmärchen und Legenden,* Stuttgart 1972.
11 In: *Märchen aus Bulgarien,* Frankfurt/Main 1977.
12 Rudolf Steiner, *Alte und neue Einweihungsmethoden,* Vortrag vom 19.1.1922 in Mannheim, GA Bibl.-Nr. 210, Dornach 1967.
13 Rudolf Steiner, *Das Miterleben des Jahreslaufs in vier kosmischen Imaginationen,* 4. Vortrag, 12.10.1912 in Dornach, GA Bibl.-Nr. 229, Dornach [5]1980, S. 61f.

14 James Stephens, *Eionn der Held, Irische Sagen*, Stuttgart 1981.

15 Rudolf Steiner, *Die geistigen Hintergründe des Ersten Weltkrieges*, Vortrag vom 22.11.1915 in Stuttgart, GA Bibl.-Nr. 174b, Dornach [2]1994, S. 80, S. 89, S. 92.

16 Rudolf Steiner, a.a.O., S. 93.

17 Johannes Rath, «Das gelbe Ahornblatt» in: *Das attische Mädchen*, Sieben Erzählungen, Stuttgart 1974, S. 43 ff.

18 *Deutsche Märchen seit Grimm*, Sammlung Diederichs.

19 Ursula Burkhard, *Karlik. Begegnungen mit einem Elementarwesen*, herausgegeben von der Werkgemeinschaft Kunst und Heilpädagogik, Weissenseifen.

20 Rudolf Steiner, *Der innere Aspekt des sozialen Rätsels*, Vortrag vom 14.9.1919 in Berlin, GA Bibl.-Nr. 193, Dornach [4]1989, S. 149f.

21 In: *Griechische Volksmärchen*, Sammlung Diederichs.

Quellennachweis zum Anhang

«Marja Morewna». Aus: *Russische Volksmärchen.* In neuer Übertragung von Swetlana Geier. München: Winkler Verlag, 1985. © 1996, 1997 Artemis & Winkler Verlag, Düsseldorf und Zürich.

«Die Perle, die bei Nacht strahlt». Aus: *Chinesische Volksmärchen.* Nach chinesischen Quellen erzählt von Dana und Milada Štovíčková. Hanau am Main: Verlag Werner Dausien, 7. Auflage 1983. © 1968 ARTIA Prag

«Eine Samodiva versorgt weder Haus noch Kind». Aus: *Märchen aus Bulgarien.* Herausgegeben von Hilde Frey. Frankfurt am Main: Fischer Taschenbuch Verlag, 1977. © Hilde Frey

«Draga Lunei, der Held vom Mond». Aus: *Jorga der Tapfere. Rumänische Volksmärchen,* übertragen von Anna Kelterborn-Haemmerli. Stuttgart: Verlag Freies Geistesleben, 3. Auflage 1991. © 1969 Verlag Freies Geistesleben GmbH, Stuttgart

«Gefährten». Aus: *Die Kormorane von Ut-Röst. Norwegische Märchen* übersetzt von Käthe Wolf-Feurer. Stuttgart: Mellinger Verlag, 2. Auflage 1981. © 1965 Mellinger Verlag

ALMUT BOCKEMÜHL

Selbstfindung und Muttersein im Leben der Frau

3., erweiterte und überarbeitete Auflage 1994,
195 Seiten, gebunden mit Schutzumschlag.

Aus dem Inhalt:

Die Frauenbewegung / Mysterien der Liebe / Von der Dauer einer Lebensgemeinschaft / Vom Mutterinstinkt: Die verbotene Kammer / Das Tor zur Mutterschaft / Mutter sein / Beruf: Hausfrau / Selbstverwirklichung als Mutter? / Wozu sind wir berufen? / Der Konflikt zwischen Leben und Arbeit.

«Das Buch ist geschrieben aus dem Erleben und Führen einer dauerhaften Ehe und Familie – geschrieben von einer, der es geglückt ist, wenn man einmal so sagen darf. Hierin liegt seine Stärke, weil es nicht nur Mut macht, diesen Weg zu gehen, sondern ihn objektiv als Weg einer wahren Selbstfindung schildert ... Mich begeistert es vor allem durch seine Weite und Reichhaltigkeit, durch die man sofort ins Weiterdenken und Weiterfragen kommt, und ich wünsche ihm, daß es zum Ausgangspunkt vieler guter, weiterbringender Gespräche und individueller Ermutigung wird..»

Dorothee Jacobi / *Die Christengemeinschaft*

Verlag Freies Geistesleben

falter

In der Lösung von Rätseln, die uns die eigene Seele aufgibt, entfaltet sich das Geheimnis der menschlichen Freiheit.

Quellen der Wandlung: Meditation und Gebet

Verlag Freies Geistesleben

KLAUS DUMKE

Im Blick des Erzengels

Zu den vier Jahreszeitenimaginationen
Rudolf Steiners.
133 Seiten, Leinen.

Auf der Grundlage der kosmischen Jahreszeiten-Imaginationen Rudolf Steiners zeichnet Klaus Dumke den Weg zu einer erneuten, konkreten Begegnung mit den im Jahreslauf wirkenden geistigen Wesenheiten.

«Das Geheimnis dieser Arbeit liegt in der Vermählung von künstlerischem Blick und lebendiger, dialektischer Gedankenführung, die beide den Leser auf erfrischend moderne Weise belehren, beleben und für die Begegnung mit geistigen Wesen wecken.»

Rudolf Bild / *Das Goetheanum*

«Dieses Buch ist die Frucht intensiver meditativer Arbeit. Es führt nicht nur zu einem vertieften Verständnis der Jahreszeiten und -feste, sondern knüpft das Geistige im Menschen an das Geistige im Weltall an.»

Claus Rasmus / *Goetheanistisches Bilden und Bauen*